CHRISTIAN PFEFFER-HOFFMANN, JANINE ZIEGLER (HRSG.)

Muslimfeindlichkeit in Europa

CHRISTIAN PFEFFER-HOFFMANN, JANINE ZIEGLER (HRSG.)

Muslimfeindlichkeit in Europa

Impressum

ISBN 978-3-86387-841-2

© 2017 Mensch und Buch Verlag

Das Werk einschließlich aller seiner Teile ist urheberrechtlich geschützt. Jede Verwertung außerhalb der engen Grenzen des Urheberrechtsgesetzes ist ohne Zustimmung der Herausgeber unzulässig und strafbar. Das gilt insbesondere für Vervielfältigungen, Übersetzungen, Mikroverfilmungen und die Einspeicherung und Verarbeitung in elektronischen Systemen.

Träger des Projektverbundes „WIR HIER! Kein Platz für Muslimfeindlichkeit in Europa – Migrantenorganisationen im Dialog", in dessen Rahmen diese Publikation entstand, sind:

www.la-red.eu

www.minor-kontor.de

www.agit-polska.de

Der Inhalt dieses Werkes wurde durch das Teilprojekt von **Minor – Projektkontor für Bildung und Forschung** verantwortet. Die Koordination des Projektverbundes liegt bei **La Red – Vernetzung und Integration.**

Umschlaggestaltung: Daniela Nicolai, Markel Anasagasti Intxausti

Die Veröffentlichung stellt keine Meinungsäußerung des Bundesministeriums für Familie, Senioren, Frauen und Jugend (BMFSFJ) bzw. des Bundesamtes für Familie und zivilgesellschaftliche Aufgaben (BAFzA) sowie der Bundeszentrale für politische Bildung (BpB) dar. Für inhaltliche Aussagen tragen die Autorin und die Autoren die Verantwortung.

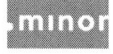

Inhaltsverzeichnis

„WIR GEGEN DIE" – MUSLIMFEINDLICHKEIT IN EUROPA
CHRISTIAN PFEFFER-HOFFMANN 9

TEIL A – STUDIENERGEBNISSE UND ERKLÄRUNGSANSÄTZE 15

MUSLIMFEINDLICHKEIT ALS GESAMTEUROPÄISCHES PHÄNOMEN
MIGUEL MONTERO LANGE, JANINE ZIEGLER 17

1. **MUSLIMFEINDLICHKEIT IN EUROPA: EINE EINFÜHRUNG** 17
   1.1. DATEN UND FAKTEN ZU MUSLIMINNEN UND MUSLIMEN IN EUROPA 18
   1.2. EINBLICK IN DIE SCHWIERIGKEIT DER BEGRIFFSBESTIMMUNG 22
   1.3. MUSLIMFEINDLICHKEIT – EIN FACETTENREICHES PHÄNOMEN 27
2. **MUSLIMFEINDLICHKEIT IN EINZELNEN EUROPÄISCHEN LÄNDERN** 32
   2.1. NORDEUROPA: DÄNEMARK, NORWEGEN, SCHWEDEN 32
   2.2. MITTELEUROPA: NIEDERLANDE, ÖSTERREICH, SCHWEIZ 36
   2.3. WESTEUROPA: FRANKREICH, BELGIEN, VEREINIGTES KÖNIGREICH 39
   2.4. OSTEUROPA: POLEN, TSCHECHIEN, UNGARN 44
   2.5. SÜD- UND SÜDOSTEUROPA: GRIECHENLAND, ITALIEN, KROATIEN 46
   2.6. ZUSAMMENFASSUNG DER LÄNDERANALYSEN 49
3. **ERKLÄRUNGSANSÄTZE FÜR MUSLIMFEINDLICHKEIT IN EUROPA** 50
   3.1. INDIVIDUELLE UND SOZIALE IDENTITÄTEN 50
   3.2. PARTEIPOLITISCHE DISKURSE 56
   3.3. GESELLSCHAFTSPOLITISCHE DISKURSE 60
   3.4. MEDIALE DISKURSE 63

Inhaltsverzeichnis

4. MUSLIMFEINDLICHKEIT IM EUROPÄISCHEN ALLTAG 66

    4.1. RELIGIÖSES ERSCHEINUNGSBILD 66

    4.2. ABLEHNUNG VON MOSCHEEBAUTEN 69

5. FAZIT 71

TEIL B – DETAILANALYSEN 73

MUSLIMFEINDLICHKEIT IN SPANIEN
MIGUEL MONTERO LANGE 75

1. EINLEITUNG 75
2. MUSLIMFEINDLICHE EINSTELLUNGEN IN SPANIEN 76
3. MUSLIMFEINDLICHE ÜBERGRIFFE 80
4. MUSLIMFEINDLICHKEIT UND DER POLITISCHE DISKURS 81
5. MUSLIMFEINDLICHKEIT UND MEDIEN 82
6. ISLAM UND SCHULE 85
7. FAZIT 86

WO SICH UNWISSENHEIT UND ÄNGSTE VERBINDEN – VON DER ANGEBLICHEN MUSLIMFEINDLICHKEIT IN POLEN
ZIAD ABOU SALEH 89

1. EINLEITUNG 89
2. „DIE" MUSLIME, „DIE" ARABER UND „DER" ISLAM – DIE GROSSEN UNBEKANNTEN DER DEBATTE 90
3. EIN BLICK AUF DIE UNTERSCHIEDLICHEN EINFLUSSFAKTOREN 92

    3.1. DIE ROLLE DER MEDIEN 92

    3.2. DIE ROLLE DER IM AUSLAND LEBENDEN POLINNEN UND POLEN 93

    3.3. DIE ROLLE VON PERSONEN DES ÖFFENTLICHEN LEBENS 94

4. GIBT ES EINE POLNISCHE BESONDERHEIT IN DER DEBATTE? 95
5. VON INNEN UND AUßEN – EIN PERSÖNLICHER BLICK AUF DIE POLNISCHE GESELLSCHAFT . 96
6. UNWISSEN, UNSICHERHEIT, ANGST – EIN ERNÜCHTERNDES FAZIT? 99

LITERATURVERZEICHNIS 101
ABBILDUNGSVERZEICHNIS 121
AUTORENVERZEICHNIS 122

„Wir gegen die" – Muslimfeindlichkeit in Europa

CHRISTIAN PFEFFER-HOFFMANN

Kollektive Identität entsteht aus der Betonung von Gemeinsamkeiten einer Gruppe und der Abgrenzung zu „den Anderen". Die Geschichte Europas ist reich an solchen Ausgrenzungsprozessen, die auf unterschiedlicher ideologischer Grundlage (Religion, Rassismus, Nationalismus usw.) immer wieder Minderheiten zur Gefahr erklärten und damit Diskriminierung legitimierten. Meist werden dabei die ökonomischen und sozialen Ursachen von gesellschaftlichen Spannungen negiert und stattdessen politische, religiöse oder kulturelle Gründe für eine Betonung der Ungleichheit und die Herabwürdigung von Minderheiten gesucht.

Oft treten solche Ausgrenzungsprozesse in Schüben auf und knüpfen dann an teilweise weit zurückliegende Konflikte an. Seit mehr als einem Jahrzehnt erleben wir in Europa eine dunkle Renaissance der religiös konnotierten Auseinandersetzungen, die nach Jahrhunderten der Aufklärung und der Zurückdrängung von Religion aus dem politischen Raum längst überwunden schienen. Wir erleben eine Dämonisierung „des" Islam, der dem „christlichen Abendland" entgegenstünde, was allein schon von der Wortwahl auf Jahrhunderte zurückliegende Kriege wie die Kreuzzüge und das Ringen mit dem Osmanischen Reich verweist. Muslimfeindlichkeit ist das neue Identitätsangebot, das in der Lage ist, vielfältige Bevölkerungsgruppen in den europäischen Ländern in Abgrenzung zu jüngst Zugewanderten zusammenzuschweißen. Bax (2015) sieht Islamfeindlichkeit sogar als „Integrationsangebot an Migranten", also an alle Eingewanderten, die sich nicht als dezidiert religiös muslimisch verstehen.

Denn eigentlich geht es um Migration. Statt Migration nach Europa als historischen Normalfall und in ihrer heutigen Ausprägung als Folge von Globalisierung, Bevölkerungswachstum, Klimawandel, Kriegen und globaler wie lokaler Ungleichheit zu verstehen und zu gestalten, wird sie von großen Teilen der europäischen Bevölkerung als Ausnahmesituation sowie wirtschaftliche und soziale Belastung wahrgenommen. Zur Begründung werden dann „andersartige" Merkmale von Neuzugewanderten konstruiert. Miguel Montero Lange und Janine Ziegler beschreiben in diesem Buch u. a., wie sich der Blick auf Eingewanderte aus muslimisch geprägten Ländern (z. B. der Türkei, aus nordafrikanischen Ländern, aus Pakistan) über die Jahrzehnte verändert hat: Wurden sie zunächst in den 1960er Jahren in den westlichen, europäischen Ländern (v. a. Frankreich,

Großbritannien, Deutschland, Belgien, Niederlande) noch durch ihren sozialen und rechtlichen Status definiert – als Gastarbeiter oder Flüchtlinge – so wurde ihre Gruppe in den 1970er und 1980er Jahren vor allem ethnisch und kulturell beschrieben – als „Türken", „Araber" usw.. Seit den 1990er Jahren und verstärkt seit den Anschlägen vom 11.09.2001 steht die Stigmatisierung als „Muslime" und damit eine religiös begründete Abgrenzung im Vordergrund.

Dieser ideologische Definitionswandel betrifft interessanterweise das gesamte politische Spektrum in den betrachteten europäischen Ländern: Auch wenn konservative, liberale und progressive Kräfte daraus unterschiedlichen Handlungsbedarf ableiten, so ist doch die stigmatisierende und undifferenzierte Wahrnehmung des definierenden Merkmals dieser Einwanderungsgruppen im Laufe der Jahrzehnte von sozialen Fragen vielfach gelöst und auf kulturell und religiös begründete Diskurse übergegangen.

Er wird unterstützt durch die Kriege mit westlicher Beteiligung im Nahen und Mittleren Osten sowie durch die extremistischen und terroristischen Phänomene unserer Zeit, den Rechtsextremismus auf der einen Seite und den islamistisch begründeten Extremismus auf der anderen Seite. Dabei wird der Rechtsextremismus in allen europäischen Gesellschaften als individuelle Verfehlung von Einzelnen oder Splittergruppen abgetan – und das, obwohl rechtsextreme Einstellungen bis in die Mitte der Gesellschaft zu finden sind. Wohingegen islamistischer Extremismus in hohem Maße „dem" Islam als wesenseigen zugeordnet wird und undifferenzierte Vorurteile gegenüber „den" Musliminnen und Muslimen legitimiert.

Somit ist Muslimfeindlichkeit (zu einer Auseinandersetzung mit dem Begriff siehe Pfeffer-Hoffmann & Logvinov 2015: 16-24) zum am stärksten wachsenden Diskriminierungsphänomen europäischer Gesellschaften geworden. Als nützliches „Werkzeug" der Identitätsbildung hat es sich in allen europäischen (und vielen anderen „westlichen" und „östlichen") Gesellschaften verbreitet. Somit trennt es auch Menschen mit Migrationshintergrund voneinander.

Der bedeutendste Einwanderungstrend des letzten Jahrzehnts in Deutschland ist die europäische Zuwanderung aus anderen EU-Staaten auf der Grundlage des Freizügigkeitsrechts. Die meisten Neueingewanderten in Deutschland stammen aus anderen europäischen Staaten – erst dann folgen als zweitgrößte Gruppe

Neuzugewanderte mit Fluchthintergrund. In den gleichen großstädtischen Quartieren treffen oft früher eingewanderte Gruppen, u. a. aus der Türkei und den anderen „Gastarbeiterländern", auf die in großer Zahl aus „christlich geprägten" Ländern wie Polen, Rumänien, Bulgarien, Italien, Spanien, Griechenland, Ungarn, Kroatien usw. eingewanderten Arbeitsmigrantinnen und -migranten. Hinzu kommen am gleichen Ort inzwischen noch Geflüchtete aus „muslimisch geprägten" und von Krieg verheerten Ländern, v. a. aus Syrien, Irak und Afghanistan.

Muslimfeindlichkeit wird allerdings oft als Auseinandersetzung zwischen „den" Deutschen und „den" Muslimen verstanden. Bei diesem „wir gegen die" wird oft übersehen, dass sich im Sinne des bereits benannten „Integrationsangebots Muslimfeindlichkeit" in das „wir" auch viele Menschen mit Migrationshintergrund einreihen, die sich nicht als muslimisch verstehen. Die „gruppenbezogene Menschenfeindlichkeit", die Musliminnen und Muslimen (oder als solche wahrgenommene Zugewanderte) von Seiten nicht-muslimisch geprägter Migrantinnen und Migranten erfahren, ist Thema des Projektes „WIR HIER! Kein Platz für Muslimfeindlichkeit in Europa – Migrantenorganisationen im Dialog", das von einem Projektverbund aus zwei Migrantenorganisationen, La Red – Vernetzung und Ingration sowie agitPolska, und von Minor – Projektkontor für Bildung und Forschung getragen wird. Während La Red und agitPolska jugendkulturell mit jungen Neuzugewanderten aus nicht-muslimisch geprägten Herkunftsstaaten an der Auseinanderetzung mit Muslimfeindlichkeit in europäischen Zugewanderten-Communities arbeiten, versucht Minor, sich wissenschaftlich dem Themenfeld zu nähern.

Das vorliegende Buch ist der zweite Band der Publikationsreihe des Projektes „WIR HIER!". Im ersten Band „Muslimfeindlichkeit und Migration – Thesen und Fragen zur Muslimfeindlichkeit unter Eingewanderten" (Pfeffer-Hoffmann & Logvinov 2015) sind neben einer ausführlicheren Beschreibung des Projektes selbst, vor allem eine differenzierte Analyse des wenigen vorhandenen Wissens zu Ausprägungen von Muslimfeindlichkeit bei nicht-muslimisch geprägten Einwanderungsgruppen sowie mehrere Fachbeiträge eines Colloquiums zum Thema zu finden. Daran schließt dieser zweite Band an, der sich auf Erkenntnisse zu Muslimfeindlichkeit in den Herkunftsstaaten der aus Europa nach Deutschland Zugewanderten konzentriert.

Für uns ist das Wissen darüber, was in den Herkunftsländern passiert, ein wichtiger Analyseteil, um Muslimfeindlichkeit nicht-muslimisch geprägter Einwanderungsgruppen zu verstehen. Zum einen werden Zugewanderte in den Herkunftsländern vor ihrer Migration mit teilweise spezifischen Ausformungen von Muslimfeindlichkeit konfrontiert und geprägt. Zum anderen ist Migration heute kaum noch mit einem kulturellen und medialen Bruch zur Herkunftsgesellschaft verbunden. Spätestens mit der allgemeinen Verbreitung des Internets sind die Medien des Herkunftslandes mühelos auch in Deutschland verfügbar. Zudem sind in den letzten Jahren in den sozialen Medien des Internets eine unzählbare Fülle von Medien und Gruppen für Eingewanderte in den Herkunftssprachen entstanden (Stapf 2017; Pfeffer-Hoffmann 2016), die das *Community Building* in Deutschland unterstützen und in engem Austausch mit den Diskursen in den Herkunftsländern sowie gleichsprachigen Migrantinnen und Migranten in anderen Ländern stehen. Damit ist Muslimfeindlichkeit und auch die kritische Auseinandersetzung mit dieser für Zugewanderte nicht-muslimisch geprägter Communities in Deutschland nicht nur von den hiesigen Verhältnissen und Diskursen, sondern auch von denen in den Herkunftsländern geprägt.

Außerdem ist für uns eine wichtige Erkenntnis des Buches, dass es sich bei Muslimfeindlichkeit tatsächlich und ausnahmslos um ein gesamteuropäisches Phänomen mit gemeinsamen Wirkmechanismen handelt. Die Entwicklungen in den verschiedenen Ländern sind also eng miteinander verbunden.

Deshalb setzt das Buch drei Schwerpunkte:

In Teil A werfen **Miguel Montero Lange** und **Janine Ziegler** einen Blick in möglichst viele europäische Länder, um Entwicklungen, Gemeinsamkeiten und Unterschiede zu analysieren. Die Auswahl der Länder soll dabei vor allem exemplarisch wirken: In fünf Großregionen Europas werden jeweils drei Länder analysiert. Dabei sollten die wichtigsten und größten Länder vertreten sein, wobei auch die teilweise nur sehr dürftige Quellenlage die Auswahl beeinflusste.

Im selben Teil des Buches werden anschließend auch die gesamteuropäisch wirksamen Ursachen, Formen und Mechanismen von Muslimfeindlichkeit untersucht. Dabei wird auf die in der Literatur vorhandenen Erklärungsansätze umfassend eingegangen. Auch die Auswirkungen von Muslimfeindlichkeit auf Musliminnen und Muslime im Alltag werden vertiefend in zwei Beispielen beschrieben.

Teil B des Buches enthält zwei Detailanalysen zur Muslimfeindlichkeit in Spanien und in Polen. Die Schwerpunktsetzung auf beide Staaten ist durch die Konstruktion des Projektverbundes „WIR HIER!" zu erklären. Während der Verein La Red, der das Projekt koordiniert, den Schwerpunkt auf spanischsprachige Eingewanderte legt, konzentriert sich die Arbeit von agitPolska auf Zugewanderte aus Polen. Deshalb ist es für unser Projekt besonders relevant, viel über Muslimfeindlichkeit in diesen beiden EU-Ländern zu wissen. Beide Detailanalysen unterscheiden sich in der Form deutlich, was vor allem in der unterschiedlichen Migrationspolitik, Geschichte und Quellenlage für die beiden Länder begründet liegt. **Miguel Montero Lange** kann für seine Analyse der Situation in Spanien auf eine gute Quellenlage und vielfältige Erfahrungen des Landes mit muslimisch geprägter Einwanderung zurückgreifen. Dagegen greift **Ziad Abou Saleh** für seine Untersuchung der Lage in Polen auf teilweise essayistische Mittel zurück, da kaum Forschung zum Thema in Polen existiert und die Diskussion über muslimische Zuwanderung ohne deren Vorhandensein geführt wird.

Wir hoffen, durch diese Publikation einen weiteren Mosaikstein zum Verständnis von Muslimfeindlichkeit beitragen zu können. Unser Ziel ist es, durch die Analyse dieses Phänomens gruppenbezogener Menschenfeindlichkeit auch dessen Bekämpfung zu unterstützen und damit absurde Vereinfachungen, Vorurteile, Hass und Diskriminierung abbauen zu helfen.

TEIL A – STUDIENERGEBNISSE UND ERKLÄRUNGSANSÄTZE

Muslimfeindlichkeit als gesamteuropäisches Phänomen

MIGUEL MONTERO LANGE, JANINE ZIEGLER

Das Thema Muslimfeindlichkeit in Europa in seinen Grundzügen zu erfassen, ist Ziel dieses Buches. Bevor das Thema allerdings en détail betrachtet und analysiert werden kann, ist es notwendig, den Leserinnen und Lesern einen Überblick über die aktuelle Datenlage zum Thema Musliminnen und Muslime in Europa zu geben. Darüber hinaus soll ein Blick in den wissenschaftlichen Begriffsdschungel aufzeigen, welcher Facettenreichtum sich hinter der Thematik Muslimfeindlichkeit verbirgt und wie sie überhaupt erfasst werden kann. Genaueres über die länderspezifische Ausprägung von Muslimfeindlichkeit bietet der anschließende, vergleichende Blick in exemplarisch ausgewählte Länder Nord-, Mittel-, West-, Ost-, Süd- und Südosteuropas. Welche Erklärungsansätze es für das Phänomen Muslimfeindlichkeit gibt und welche Rolle dabei dem Individuum sowie den parteipolitischen, gesellschaftlichen und medialen Diskursen zukommt, wird in einem weiteren Kapitel diskutiert. Abschließend erfolgt ein Blick auf Ausprägungen von Muslimfeindlichkeit im Alltag im europäischen Vergleich.

1. Muslimfeindlichkeit in Europa: Eine Einführung

Um die in Europa geführten Debatten über Muslimfeindlichkeit analysieren und bewerten zu können, sollen zunächst die faktischen Rahmenbedingungen aufgezeigt werden. Folgende Fragen stehen dabei im Vordergrund: Wie viele Musliminnen und Muslime leben in Europa? Ist ihr Glaube homogen? Was genau versteht die Forschung unter Muslimfeindlichkeit und wie verhält es sich mit den im gleichen Kontext oftmals verwendeten Begriffen wie Islamophobie, antimuslimischer Rassismus oder Islamfeindlichkeit? Abschließend wirft das Kapitel einen Blick auf die unterschiedlichen Facetten des Begriffs Muslimfeindlichkeit und kontextualisiert diese im Hinblick auf die in Europa geführten Debatten.

1.1. Daten und Fakten zu Musliminnen und Muslimen in Europa

Die Lebensrealität von Musliminnen und Muslimen in mehrheitlich nicht muslimisch geprägten Ländern der sogenannten „westlichen Welt" ist extrem divers. Schon allein bezüglich ihrer Herkunftsländer und ihrer damit verbundenen Migrationsgeschichte ist es schwierig – egal, welches Land man betrachtet – von „den" Musliminnen und Muslimen zu sprechen: „In the USA, Muslims are comprised of South Asians, Arabs and African-Americans. In France the majority is North African, while the largest number in the UK are South Asian (of Pakistani and Bangladeshi) origin" (Garner & Selod 2015: 15). Zudem können aktuelle politische Entwicklungen Veränderungen mit sich bringen. Im Jahr 2011 stammten bspw. in Deutschland noch 67,5 % der Menschen muslimischen Glaubens aus der Türkei (BAMF 2016: 5). Inzwischen ist diese Zahl, bedingt durch die Neuzuwanderung aus dem Nahen Osten, Südosteuropa sowie aus Südostasien, auf 50,6 % gesunken. Musliminnen und Muslime aus dem Nahen Osten haben sich mit einem Anteil von 17,1 % zur zweitgrößten Herkunftsgruppe entwickelt (BAMF 2016: 5).

Hinzu kommt, dass die Kategorisierung muslimisch gläubiger Bürgerinnen und Bürger als „die" Muslime der Diversität des islamischen Glaubens nicht gerecht wird. Nicht nur in Deutschland rechnen sich muslimische Bürgerinnen und Bürger verschiedensten islamischen Glaubensrichtungen (Sunniten, Aleviten, Schiiten, Ahmadi, Sufis, Ibaditen etc.) zu oder bezeichnen sich selbst als nicht religiös (BAMF 2009: 97f.). Wenngleich die Formulierungen „die Musliminnen und Muslime" oder „der Islam" sich im Sprachgebrauch oftmals nicht völlig vermeiden lassen, so ist es innerhalb der Debatte umso wichtiger, die Heterogenität muslimischen Lebens in Europa immer wieder zu betonen.

Eine weitere Schwierigkeit besteht darin, die tatsächliche Zahl der in Europa lebenden Musliminnen und Muslime zu ermitteln. In der Debatte genannte Zahlen beruhen auf Hochrechnungen und geben daher immer nur einen Schätzwert, nicht aber die exakte Zahl wieder. Gründe hierfür sind zum einen, dass Religionszugehörigkeit nicht in jedem europäischen Land erfasst wird, zum anderen, dass eine Registrierung von Gläubigen – z. B. in Form von Konfessionsmitgliedern – dem Islam fremd ist. Zur Ermittlung der Zahlen wird daher zumeist aufgrund des Herkunftslandes einer Person auf ihre Religionszugehörigkeit geschlossen. Diese Art der Erfassung birgt allerdings die Gefahr, dass Personen aus sogenannten mehrheitlich muslimisch geprägten Ländern eine Religion zugeschrieben wird, der sie sich nicht zugehörig fühlen. Ferner kann durch diese Methode nicht eindeutig erfasst werden, wie viele Musliminnen und Muslime mit europäischem Pass in Europa leben, noch, wie viele Menschen zum Islam konvertieren.

Entsprechend variieren die Angaben über die Anzahl der in Europa lebenden Musliminnen und Muslime, je nach verwendeter Quelle und der ihr zugrunde liegenden Erfassungsmethode, zum Teil erheblich. Während z. B. Helbling (2012) von 10 bis 15 Millionen Musliminnen und Muslimen in Europa ausgeht, schätzt das Pew Research Center (2015a) die Zahl mit über 43 Millionen um ein Vielfaches höher (siehe Abbildung 2). Die bestehende Schwierigkeit, die tatsächliche Größe der muslimischen Community zu erfassen, führt nicht nur dazu, dass unterschiedliche Zahlen kursieren, sondern auch dazu, dass die Ergebnisse der Hochrechnungen und die Wahrnehmung der Bevölkerung z. T. extrem auseinanderklaffen (siehe Abbildung 1).

Abbildung 1: Schätzungen des muslimischen Bevölkerungsanteils in 14 Ländern, 2016
Wahrnehmung in der Bevölkerung, IST-Wert und Differenz in Prozentpunkten (IPSOS 2016)

Auch wenn der Anteil an Musliminnen und Muslimen von der Bevölkerung zu hoch eingeschätzt wird, ist davon auszugehen, dass muslimische Communities in

Europa, nicht zuletzt durch Migration, wachsen werden. Das Pew Research Center bspw. prognostiziert, dass der Anteil der in Europa lebenden Musliminnen und Muslime bis 2050 von 5,9 % auf 10,2 % steigen wird (siehe Abbildung 2). Gleichzeitig ist Europa der einzige Kontinent, in dem die Bevölkerungszahl schrumpfen wird (siehe Abbildung 3). Die Prognosen des Pew Research Center (2015b) sagen eine Abnahme der Gesamtbevölkerung Europas von 6 % voraus, während die Zahl der in Europa lebenden Musliminnen und Muslime der gleichen Schätzung zufolge um 63 % wachsen wird.

World Muslim Population by Region, 2010 and 2050

	YEAR	REGION'S TOTAL POPULATION	REGION'S MUSLIM POPULATION	% MUSLIM IN REGION
Asia-Pacific	2010	4,054,940,000	986,420,000	24.3%
	2050	4,937,900,000	1,457,720,000	29.5
Middle East-North Africa	2010	341,020,000	317,070,000	93.0
	2050	588,960,000	551,900,000	93.7
Sub-Saharan Africa	2010	822,730,000	248,420,000	30.2
	2050	1,899,960,000	669,710,000	35.2
Europe	2010	742,550,000	43,470,000	5.9
	2050	696,330,000	70,870,000	10.2
North America	2010	344,530,000	3,480,000	1.0
	2050	435,420,000	10,350,000	2.4
Latin America-Caribbean	2010	590,080,000	840,000	0.1
	2050	748,620,000	940,000	0.1

Source: The Future of World Religions: Population Growth Projections, 2010-2050
Population estimates are rounded to the nearest 10,000. Percentages are calculated from unrounded numbers.

PEW RESEARCH CENTER

Abbildung 2: Anteil der muslimischen Bevölkerung nach Weltregionen, 2010 und 2050
Absoluter und prozentualer Anteil (Pew Research Center 2015a)

Unabhängig davon, welche Hochrechnungen man betrachtet und wie sich die Zahlen entwickeln werden, bleibt für die aktuelle Situation festzuhalten, dass im Verhältnis zur Gesamtbevölkerung die Zahl der in Europa lebenden Musliminnen und Muslime gering ist. Selbst in Ländern mit einem hohen Muslimanteil wie bspw. Großbritannien, Frankreich und Deutschland, liegt der Anteil bei höchstens 5 bis 10 % der Gesamtbevölkerung. Von ihnen definiert sich wiederum nur ein Teil überhaupt als religiös. Mit anderen Worten: Muslimfeindlichkeit ist kein Phänomen, das sich durch die übermächtige Präsenz einer bestimmten Bevölkerungsgruppe erklären lässt – darüber ist sich die Forschung einig.

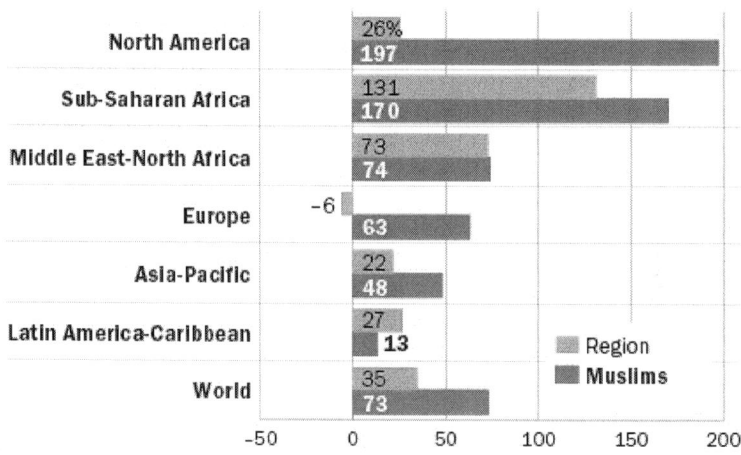

Abbildung 3: Entwicklungsprognosen des Anteils muslimischer Bevölkerung nach Weltregionen, 2010 bis 2050
Im Vergleich zur Entwicklung der Gesamtbevölkerung, in Prozent (Pew Research Center 2015b)

Diskutiert wird in der Forschung aber, ob man besser von Muslimfeindlichkeit, Islamophobie, Islamfeindlichkeit oder von antimuslimischem Rassismus sprechen sollte. Wie sich die jeweiligen Konzepte unterscheiden und in welchem Verhältnis sie zu anderen Phänomenen von Diskriminierung und Fremdenfeindlichkeit stehen, wurde bereits im ersten Band „Muslimfeindlichkeit und Migration –

Thesen und Fragen zu Muslimfeindlichkeit unter Eingewanderten" (Pfeffer-Hoffmann & Logvinov 2015) der Publikationsreihe des Projektes „WIR HIER! Kein Platz für Muslimfeindlichkeit in Europa – Migrantenorganisationen im Dialog" ausführlich erörtert (ebd.: 16-24). Entsprechend wird das folgende Kapitel nur eine ergänzende Übersicht über diese Debatte sein.

1.2. Einblick in die Schwierigkeit der Begriffsbestimmung

Die Ähnlichkeit der Begriffe Muslimfeindlichkeit, Islamophobie und antimuslimischer Rassismus ist nicht von der Hand zu weisen (ebd.). Schwierig ist, dass die Begriffe in den nationalen Debatten um „die" Musliminnen und Muslime und „den" Islam in Europa kaum nuanciert, häufig synonym gebraucht und nicht selten miteinander vermengt werden. Eine Tatsache, die – wie die ebenso oftmals vernachlässigte Heterogenität von Musliminnen und Muslimen – bei einer Beschäftigung mit der Thematik immer mitgedacht werden sollte. Denn selbst wenn, z. B. in der englisch-, französisch-, oder spanischsprachigen Literatur, vorwiegend der Begriff Islamophobie benutzt wird, so ist dies mehr seiner Internationalität geschuldet als seiner Eindeutigkeit.

Der in den 1990er-Jahren erstmals vom britischen Thinktank The Runnymede Trust unternommene Versuch der Systematisierung von Islamophobie zeigt dies deutlich (siehe Abbildung 4). Für die Forscher des Runnymede Trust umfasst der Begriff Islamophobie vier unterschiedliche Dimensionen (Ausgrenzung, Gewalt, Vorurteil und Diskriminierung), die zur Analyse weiter ausdifferenziert werden müssen: Um welche Art von Ausgrenzung, Gewalt, Vorurteil, Diskriminierung handelt es sich genau? Wie drückt sie sich aus? Wer ist davon betroffen? In welchen Bereichen spielt sie eine Rolle? (The Runnymede Trust 1997: 3). Ferner haben die Wissenschaftlerinnen und Wissenschaftlier des Runnymede Trust spezifische Merkmale (siehe Abbildung 5) definiert, die in unterschiedlicher Form und Kombination die Debatte prägen können (ebd.: 3; Pfeffer-Hoffmann & Logvinov 2015: 17f.).

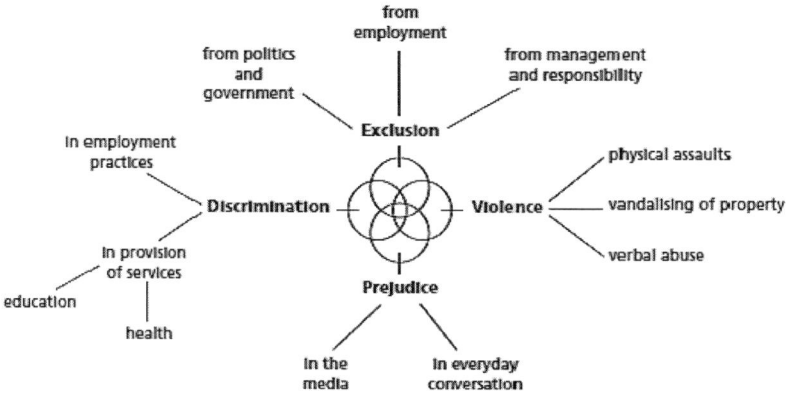

Abbildung 4: Dimensionen von Islamophobie
(The Runnymede Trust 1997: 3)

Closed and open views of Islam		
Distinctions	Closed views of Islam	Open views of Islam
1. Monolithic / diverse	Islam seen as a single monolithic bloc, static and unresponsive to new realities.	Islam seen as diverse and progressive, with internal differences, debates and development.
2. Separate / interacting	Islam seen as separate and other – (a) not having any aims or values in common with other cultures (b) not affected by them (c) not influencing them.	Islam seen as interdependent with other faiths and cultures – (a) having certain shared values and aims (b) affected by them (c) enriching them.
3. Inferior / different	Islam seen as inferior to the West – barbaric, irrational, primitive, sexist.	Islam seen as distinctively different, but not deficient, and as equally worthy of respect.
4. Enemy / partner	Islam seen as violent, aggressive, threatening, supportive of terrorism, engaged in a „clash of civilisations".	Islam seen as an actual or potential partner in joint cooperative enterprises and in the solution of shared problems.
5. Manipulative / sincere	Islam seen as a political ideology, used for political or military advantage.	Islam seen as a genuine religious faith, practised sincerely by its adherents.

6. Criticism of West rejected / considered	Criticism made by Islam of „the West" rejected out of hand.	Criticism of „the West" and other cultures are considered and debated.
7. Discrimination defended / criticised	Hostility towards Islam used to justify discriminatory practices towards Muslims and exclusion of Muslims from mainstream society.	Debates and disagreements with Islam do not diminish efforts to combat discrimination and exclusion.
8. Islamophobia seen as natural / problematic	Anti-Muslim hostility accepted as natural and „normal".	Critical views of Islam are themselves subjected to critique, lest they be inaccurate and unfair.

Abbildung 5: Mögliche Sichtweisen auf den Islam
(The Runnymede Trust 1997: 3)

Inzwischen ist der Begriff Islamophobie auch international gebräuchlich, wie u. a. die Verabschiedung der Resolution 1743 der Parlamentarischen Versammlung des Europarats zu „Islam, Islamismus und Islamophobie in Europa" (Council of Europe, Parlamentary Assemblee 2010) oder die ältere Abschlusserklärung des Stockholm International Forum on Combating Intolerance (2001) deutlich machen. In beiden Abhandlungen wird der Begriff Islamophobie als explizite Kategorie neben Rassismus, Antisemitismus und Fremdenfeindlichkeit benannt.

Trotz der Internationalisierung und Systematisierung des Begriffs bleibt eine zentrale Schwierigkeit bestehen – die der nicht aufzulösenden Vieldimensionalität des Begriffs:

> „Islamophobia has [...] taken different forms [...] at different times and has fulfilled a variety of functions... It may be appropriate to speak of Islamophobias rather than a single phenomenon. Each version of Islamophobia has its own features as well as similarities with, and borrowings from, other versions" (Sajid, zit. in Carr 2011: 578).

Je nach Blickwinkel wird jede Autorin und jeder Autor andere Aspekte und Nuancen im Kopf haben, wenn sie oder er von Islamophobie spricht. Für Bleich (2011) bspw. ergibt sich Islamophobie aus der Kumulation von „indiscriminate negative attitudes or emotions directed at Islam or Muslims" (Bleich 2011: 1585). Bonino (2013) spricht sogar von Islamophobie als „form of political demonisation and media otherisation" (Bonino 2013: 391). Allen (2010) wiederum sieht Islamophobie als eine Ideologie „similar in theory, function and purpose to racism and other similar phenomena" (Allen 2010: 190).

Fest steht, dass der Begriff Islamophobie bis heute breit und kontrovers diskutiert worden ist (Esteves 2012; Ansari & Hafez 2012). Seine Tragfähigkeit und Begründung ist immer wieder in Frage gestellt bzw. seine Vergleichbarkeit mit Rassismus oder Antisemitismus bestritten worden. Der Begriff der Islamophobie, so lautet eine Kritik, wird bisweilen benutzt, ohne ihn deutlich genug definiert zu haben. Er beziehe sich nur sehr unspezifisch auf eine undefinierte Angst, wobei zudem noch umstritten ist, ob sich die Angst ausschließlich auf „den" Islam oder „die" Musliminnen und Muslime oder auf beide bezieht (Bleich 2012a). Zudem sei Islamophobie ein Begriff, der nicht der Wissenschaft entstamme, sondern aus dem Kontext der politischen Kampagne gegen die Diskriminierung von Musliminnen und Muslimen in westlichen Gesellschaften übernommen wurde und daher deutliche Übersetzungsschwierigkeiten mit sich bringt (Bleich 2011).

Auch Taras (2011) sieht den Begriff Islamophobie kritisch, da er sich aus vielen Variablen (wie Religion, Ethnie, Kultur) zusammensetzt, deren Bedeutung für die Erklärung von antimuslimischen Einstellungen je nach Kontext stark variieren kann. Er plädiert daher dafür, den Begriff „racialization" (Taras 2011: 432) zu gebrauchen, um die zeitgenössische Ausformung der Islamophobie zu erfassen. Helbling (2012) lehnt den Begriff Islamophobie sogar gänzlich ab. Seiner Auffassung nach ist der Begriff politisch zu aufgeladen, um die soziale Realität zu beschreiben. Ferner ist auch für Helbig nicht eindeutig zu bestimmen, gegen wen genau Islamophobie sich richtet, „towards Muslims as immigrants and an ethnic group, or Muslims as a religious group, or Islam in general, or specific aspects of Islam or Muslim cultural and religious practice, and so on" (Helbling 2012: 5).

Garner und Selod (2015) wiederum kritisieren, dass Islamophobie im wissenschaftlichen Diskurs nur selten mit Rassismus in Verbindung gebracht wird (Garner & Selod 2015). Den Aspekt des Rassismus hervorzuheben, erachten auch Strabac und Valenta (2012) als sinnvoll, gerade vor dem Hintergrund der Ablehnung anderer Gruppen, wie Geflüchteter oder Migrantinnen und Migranten. Umfragen aus dem Vereinigten Königreich und den USA zeigen, dass die Ablehnung von Musliminnen und Muslimen geringer ist als die Ablehnung von Zuwandernden insgesamt, obwohl in beiden Ländern islamistisch motivierte Anschläge verübt wurden. Möglicherweise beruht dies auf einer Umlenkung der Aversionen auf Gruppen, die als wirtschaftlich bedrohlicher empfunden werden (z. B. mexikanische Staatsangehörige in den USA bzw. osteuropäische Staatsangehörige im Vereinigten Königreich), so die Autoren (Strabac et al. 2014).

Bleich (2009) unterstreicht die Wichtigkeit, sich bei der Bekämpfung von Diskriminierungen auf überlappende und vielfältige Identitäten und Zugehörigkeiten zu konzentrieren. Religiöse Zugehörigkeit sei nur einer unter verschiedenen Markern, der zu Diskriminierung führe. Dies zeigt auch der Hate Data Crime Report der OSZE (ODIHR 2015), in dem Rassismus, Fremdenfeindlichkeit und die Ablehnung von Schwulen, Lesben und transsexuellen Personen fast genauso häufig genannt werden, wie die Ablehnung von Musliminnen und Muslimen. Auch die Auswertung von Übergriffen und Straftaten gegen bestimmte Gruppen ergibt ein ähnliches Bild. Rassistische und generell fremdenfeindlich motivierte Straftaten kommen sogar häufiger vor als explizit muslimfeindliche Übergriffe (ebd.). Die Bedeutung von Muslimfeindlichkeit wird dadurch nicht relativiert, allerdings erscheint es sinnvoll, sie im Kontext anderer Formen rassistischer Diskriminierung zu betrachten und in diesem Zusammenhang entsprechend als antimuslimischen Rassismus zu benennen.

Neben anderen Wissenschaftlerinnen und Wisenschaftlern (siehe auch hier die detaillierte Auflistung in: Pfeffer-Hoffmann & Logvinov 2015), schlägt Halliday (1999) Muslimfeindlichkeit als Alternative zum Begriff der Islamophobie vor. Schließlich, so sein Argument, richten Befürchtungen und damit auch Aversionen sich nicht gegen „den" Islam an sich, sondern gegen „die" Musliminnen und Muslime:

> „'Islam' as a religion was the enemy in the past: in the crusades or the reconquista. It is not the enemy now: Islam is not threatening to win large segments of western European society to its faith, as Communism did, nor is the polemic, in press, media or political statement, against the Islamic faith. There are no books coming out questioning the claims of Muhammad or the Koran. The attack now is against not Islam as a faith but Muslims as people, the latter grouping together all especially immigrants, who might be covered by the term" (Halliday 1999: 898).

Die Fokussierung auf Musliminnen und Muslime als zu betrachtende Gruppe wird auch von der Autorin und den Autoren des vorliegenden Bandes favorisiert.[1] Wenngleich sie – anders als Halliday – auch „dem" Islam als modernes Feindbild weiterhin gesellschaftspolitische Bedeutung beimessen. Problematisch bleibt im vorliegenden Text allerdings der parallele Gebrauch der Begriffe Islamophobie und Muslimfeindlichkeit, der sich daraus erklärt, dass den beschreibenden Textpassagen in erster Linie nicht deutschsprachige Quellen zugrunde liegen, die den international gebräuchlichen Begriff Islamophobie verwenden. Entsprechend werden der Leser und die Leserin im deskriptiven Teil oftmals den Begriff Islamophobie vorfinden, im analytischen Teil des Textes wird jedoch von Muslimfeindlichkeit die Rede sein.

1.3. Muslimfeindlichkeit – ein facettenreiches Phänomen

Wie erwähnt, sind die Anzahl, die Herkunft und die Art der Religiosität der in Europa lebenden Musliminnen und Muslime sehr unterschiedlich. Jedoch sind Musliminnen und Muslime in allen Ländern Europas mit zunehmender Muslimfeindlichkeit konfrontiert, wie der Jahresbericht der Organisation Human Rights Watch (2017) deutlich zeigt. Allerdings tritt Muslimfeindlichkeit interessanterweise auch in Ländern auf, in denen kaum Musliminnen und Muslime leben, was Zick et al. (2011) mit der „Macht des Vorurteils" erklären, „das auch dann existiert, wenn kein Kontakt zu der Gruppe, gegenüber der Vorurteile gehegt werden, besteht" (Zick et al. 2011: 190f.).

Ein Blick auf das Eurobarometer 2015 (siehe Abbildung 6) bestätigt diese These. So fühlt sich bspw. ein Drittel bis über die Hälfte der Befragten in Tschechien (55 %), der Slowakei (38 %) sowie in Estland (30 %) unwohl bei der Vorstellung, eine Person muslimischen Glaubens als Arbeitskollegin oder Arbeitskollgen zu haben (Europäische Kommission 2015: 274). In Ländern mit höherem muslimischem Bevölkerungsanteil fielen die Antworten auf die gleiche Frage erheblich positiver aus. Wenngleich auch in England (6 %), den Niederlanden (5 %) sowie

---

[1] Diese Favorisierung erfolgt ebenfalls in Anlehnung an die Diskussion der Begrifflichkeiten im bereits 2015 erschienen ersten Band „Muslimfeindlichkeit und Migration – Thesen und Fragen zu Muslimfeindlichkeit unter Eingewanderten" (Pfeffer-Hoffmann & Logvinov 2015) der Publikationsreihe des Projektes „WIR HIER! Kein Platz für Muslimfeindlichkeit in Europa – Migrantenorganisationen im Dialog".

in Frankreich (5 %) und vor allem in Deutschland (13 %) sich ebenfalls einige der Befragten mit gläubigen muslimischen Arbeitskolleginnen oder Arbeitskollegen unwohl fühlen würden (ebd.: 274).

Ein etwas differenzierteres Bild zeigt das Eurobarometer bei der Frage, „Wie wohl fühlen Sie sich, wenn ihr Kind eine Liebesbeziehung zu einer Muslimin oder einem Muslim eingehen würde?" (siehe Abbildung 7). Hier fielen die Antworten in allen Ländern deutlich negativer aus als bei der Frage nach muslimischen Arbeitskolleginnen oder Arbeitskollegen (Europäische Kommission 2015: 330). Zwar führten auch hier Länder mit einer geringen muslimischen Bevölkerung – Tschechien (73 %), die Slowakei (63 %) und Litauen (57 %) – das EU-Ranking an; dennoch stößt die Vorstellung auch in Zypern (60 %) und Malta (50 %) bei mindestens der Hälfte der Befragten auf Unwohlsein. Deutschland liegt mit 31 % der Befragten im EU-Durchschnitt (30 %). Am niedrigsten sind die Werte in Frankreich (18 %), Großbritannien (17 %) und Luxemburg (17 %).

Die von der Agentur der Europäischen Union für Grundrechte (FRA) 2009 durchgeführte EU-MIDIS-Erhebung zu Minderheiten und Diskriminierung zeigt, dass 34 % der Muslime und 26 % der Musliminnen in den zurückliegenden 12 Monaten durchschnittlich acht diskriminierende Handlungen erfahren hatten (FRA 2009: 3), wobei 79 % der Betroffenen diese Diskriminierung weder meldeten noch anzeigten. 59 % gaben als Grund hierfür an, dass eine Anzeige nichts ändern würde und 38 % gingen davon aus, dass es keinen Sinn mache, Alltagsdiskriminierungen zu melden. Hinzu kommt, dass 80 % der Befragten keine Organisation kannten, die sie bei einer Anzeige unterstützen könnte (ebd.: 3). Auch rassistisch motivierte, personenbezogene Straftaten wie Tätlichkeiten, Bedrohungen oder schwere Belästigungen werden nur selten den zuständigen Behörden gemeldet: Abhängig vom Land gaben zwischen 58 % und 98 % der Befragten an, keine Anzeige erstattet zu haben; 43 % sagten, sie seien nicht überzeugt, dass die Polizei etwas unternehmen würde. Hinzu kommt, dass etwa 25 % der Befragten innerhalb eines Jahres durchschnittlich drei Mal von der Polizei kontrolliert wurden, wovon wiederum 40 % meinten, dies sei lediglich geschehen, weil sie Migrantinnen und Migranten oder Angehörige einer Minderheit seien (ebd.).

Muslimfeindlichkeit als gesamteuropäisches Phänomen

%	Total 'Mal à l'aise (1-4)' Total 'Uncomfortable (1-4)' Gesamt 'Unwohl' (1-4)	Total 'Moyennement à l'aise (5-6)' Total 'Moderately comfortable (5-6)' Gesamt 'Ziemlich wohl' (5-6)	Total 'A l'aise (7-10)' Total 'Comfortable (7-10)' Gesamt 'Wohl' (7-10)
	EB 83.4	EB 83.4	EB 83.4
EU 28	13	11	61
BE	12	16	67
BG	18	11	53
CZ	55	16	17
DK	7	4	69
DE	13	13	43
EE	30	11	30
IE	7	9	80
EL	21	11	60
ES	7	10	69
FR	5	5	85
HR	14	11	65
IT	18	16	49
CY	21	9	65
LV	24	13	42
LT	28	15	46
LU	4	7	62
HU	22	16	48
MT	14	18	58
NL	5	8	83
AT	19	12	42
PL	19	13	60
PT	12	9	56
RO	20	9	49
SI	10	11	61
SK	38	21	18
FI	15	14	40
SE	5	5	87
UK	6	6	85

Abbildung 6: Wohlbefinden im Umgang mit muslimischen Arbeitskolleginnen und -kollegen nach EU-Ländern
Gestellte Frage: Unabhängig davon, ob Sie tatsächlich arbeiten oder nicht: Bitte sagen Sie mir anhand einer Skala von 1 bis 10, wie wohl Sie sich jeweils fühlen würden, wenn Sie eine der folgenden Personen [einen Muslim] als Arbeitskollegen hätten. 1 bedeutet, dass Sie sich damit „überhaupt nicht wohl fühlen würden", und 10 bedeutet, dass Sie sich damit „vollkommen wohl fühlen würden" (Europäische Kommission 2015: 274)

%	Total 'Mal à l'aise (1-4)' / Total 'Uncomfortable (1-4)' / Gesamt 'Unwohl' (1-4)	Total 'Moyennement à l'aise (5-6)' / Total 'Moderately comfortable (5-6)' / Gesamt 'Ziemlich wohl' (5-6)	Total 'A l'aise (7-10)' / Total 'Comfortable (7-10)' / Gesamt 'Wohl' (7-10)
	EB 83.4	EB 83.4	EB 83.4
EU 28	30	14	43
BE	27	23	46
BG	47	15	24
CZ	73	12	8
DK	28	9	44
DE	31	13	30
EE	46	12	22
IE	22	15	57
EL	46	14	34
ES	21	16	49
FR	18	14	62
HR	28	12	46
IT	35	15	36
CY	60	13	22
LV	49	11	26
LT	57	16	21
LU	17	10	49
HU	33	17	37
MT	50	15	28
NL	21	19	55
AT	33	15	33
PL	45	15	31
PT	25	12	40
RO	36	13	32
SI	22	13	33
SK	63	15	10
FI	28	15	42
SE	15	12	67
UK	17	10	67

Abbildung 7: Wohlbefinden in Bezug auf die Liebesbeziehung des eigenen Kindes zu einer Muslimin oder einem Muslim nach EU-Ländern
Gestellte Frage: Unabhängig davon, ob Sie Kinder haben oder nicht: Bitte sagen Sie mir anhand einer Skala von 1 bis 10, wie wohl Sie sich jeweils fühlen würden, wenn eines Ihrer Kinder eine Liebesbeziehung zu einer der folgenden Personen [Zu einem Muslim/einer Muslimin] hätte. 1 bedeutet, dass Sie sich damit „überhaupt nicht wohl fühlen würden", und 10 bedeutet, dass Sie sich damit „vollkommen wohl fühlen würden" (Europäische Kommission 2015: 330)

Laut der Agentur für Europäische Grundrechte (FRAU 2009) sind vor allem junge Musliminnen und Muslime zwischen 16 und 24 Jahren von Diskriminierungen betroffen, ältere Menschen eher seltener. Die Wahrscheinlichkeit, Diskriminierungen zu erfahren, sank erheblich, wenn die Personen sich bereits längere Zeit in der EU aufhielten oder die Staatsbürgerschaft eines Mitgliedsstaates besaßen. Das Tragen einer Verschleierung oder eines Kopftuches scheint laut dieser Umfrage keine Erhöhung der Diskriminierung zur Folge zu haben (FRA 2009:3). Diese Tatsache deckt sich mit den Ergebnissen einer aktuelleren Untersuchung von Helbling (2014) zu individuellen Einstellungen der Mehrheitsbevölkerung in sechs europäischen Ländern. Helbling zeigt, dass von den Befragten unterschieden wird zwischen Musliminnen und Muslimen als Gruppe und deren religiösen Praktiken. In Bezug auf das Kopftuch heißt dies, dass die Ablehnung der Verschleierung nicht automatisch mit der Ablehnung von Musliminnen und Muslimen einhergeht. Die generelle Ablehnung der Gruppe der Musliminnen und Muslime korreliere eher mit dem Ausmaß an Fremdenfeindlichkeit der Befragten als mit ihrer Religiosität (ebd.).

Zick et al. (2011) untersuchten genau diesen Aspekt der sogenannten „Gruppenbezogenen Menschenfeindlichkeit" (GMF) in acht europäischen Ländern, wobei sie unter GMF „eine generalisierte Abwertung von Fremdgruppen, die im Kern von einer Ideologie der Ungleichwertigkeit bestimmt ist", verstehen (ebd.: 43). Fremden- und Islamfeindlichkeit sowie Rassismus sind laut Zick et al. „überall in Europa nahezu gleichermaßen stark verbreitet" (ebd.: 190). Über die Hälfte der Befragten betrachten den Islam als eine „Religion der Intoleranz" (ebd.: 14) und sind der Ansicht, „Muslim/innen würden zu viele Forderungen stellen" (ebd.: 70). Ferner sind die Befragten in allen untersuchten Ländern der Meinung, dass das muslimische Frauenbild nicht mit den eigenen Werten kompatibel sei.

Muslimfeindlichkeit ist also ein facettenreiches Phänomen, das sich de facto auf eine kleine Bevölkerungsgruppe richtet, die in sich wiederum äußerst divers ist. Im Folgenden soll nun ein Blick ins Innere verschiedener europäischer Länder geworfen werden, um zu sehen, welche Aspekte von Muslimfeindlichkeit von der Forschung angeführt werden und welche Gemeinsamkeiten und Unterschiede in den Debatten um „die" Musliminnen und Muslime und „den" Islam bestehen. Die gewählten Länderbeispiele aus Nord-, Mittel-, West-, Ost-, Süd- und Südosteuropa können dabei natürlich nicht für ganz Europa sprechen, wenngleich sich schon in der Auswertung der vorgenommenen Auswahl erstaunliche Parallelen zeigen. Dass Deutschland nicht zu den ausgewählten Ländern zählt, ist der Tatsache geschuldet, dass der vorliegende Band „Muslimfeindlichkeit in Europa" an den bereits zitierten Band „Muslimfeindlichkeit und Migration – Thesen und Fragen zu Muslimfeindlichkeit unter Eingewanderten" (Pfeffer-Hoffmann & Logvinov 2015) anschließt, der die Situation in Deutschland eingehend beleuchtet.

2. Muslimfeindlichkeit in einzelnen europäischen Ländern

Muslimfeindlichkeit ist ein Phänomen, das in allen europäischen Ländern virulent ist und das, so Schiffauer (2014), in den einzelnen Ländern kaum noch Unterschiede in seiner Ausprägung aufweist. Vielmehr handle es sich bei Muslimfeindlichkeit um eine Reaktion auf die Erkenntnis, dass europäische Gesellschaften dauerhaft mit dem Thema Migration konfrontiert sein werden. Durch diese Tatsache seien Gewissheiten über das „Wir" und „Sie" in Frage gestellt worden und die Spielregeln hätten sich grundlegend geändert. Zudem wird „der" Islam gerne auch historisch als gegensätzlich zum Westen gesehen; nicht zuletzt durch die Erinnerung an kriegerische Auseinandersetzungen, die im kollektiven Gedächtnis vieler europäischer Staaten fortdauern (ebd.). Fekete (2010) führt die Ablehnung von Musliminnen und Muslimen in ganz Europa auf die neue „Grenzziehung" zurück, die überkommene Konfliktlinien nach dem Zerfall der Sowjetunion durch eine neue Bedrohung ersetzt habe – „today the ‚Islam scare' is replacing the ‚red scare'" (ebd.: 64).

Ein Blick in das Innere ausgewählter europäischer Gesellschaften soll im Folgenden Gemeinsamkeiten und Unterschiede in der Ausprägung europäischer Muslimfeindlichkeit beleuchten. Herangezogen werden hierzu, neben Artikeln aus Fachzeitschriften, Länderberichte der European Commission against Racism and Intolerance (ECRI) sowie der European Islamophobia Report (Bayrakli & Hafez 2016 und 2017) der SETA Foundation for Political, Economic and Social Research.

2.1. Nordeuropa: Dänemark, Norwegen, Schweden

In allen hier betrachteten Ländern Nordeuropas nahm Muslimfeindlichkeit in den letzten Jahren zu. Diese Entwicklung geht einher mit dem zunehmenden Erfolg rechtspopulistischer Parteien und Bewegungen. Eine weitere Rolle spielt die internationale Lage, allen voran die in mehreren Ländern Europas in den letzten Jahren verübten terroristischen Anschläge radikalislamischer Organisationen. Auffällig ist zudem in allen drei Ländern die zentrale Bedeutung der Verbreitung von Hass, Angst und Stereotypen durch Online-Kanäle und soziale Medien.

Für Norwegen stellt z. B. Døving (2015) die Ergebnisse einer qualitativen Untersuchung vor, in der im Jahr 2011 1.522 Personen dazu befragt wurden, welche die vorrangigen Gründe für die Ablehnung von Musliminnen und Muslimen seien. Ein Drittel der Befragten sieht Rassismus als Hauptursache für die Ablehnung von Personen muslimischen Glaubens. Darüber hinaus wird die Rolle der Medien und der rechtspopulistischen Fortschrittspartei in kausalen Zusammenhang mit Muslimfeindlichkeit gebracht. Zum Zeitpunkt der Befragung lebten etwa 180.000 Musliminnen und Muslime in Norwegen. Die meisten von ihnen stammen aus Pakistan, gefolgt von Musliminnen und Muslimen aus dem Irak, aus Somalia, Bosnien und Herzegowina sowie dem Iran und der Türkei. Obwohl sie gesellschaftspolitisch als integriert gelten, sehen sie sich mit erheblichen Vorurteilen konfrontiert. Besonders Musliminnen haben damit zu kämpfen, dass sie als Opfer muslimischer Männer wahrgenommen werden. Darüber hinaus werden auch in Norwegen vielfach Islam und Terrorismus gleichgesetzt und entsprechend „der" Islam als unvereinbar mit „der" Demokratie deklariert. Hinzu kommt der bereits erwähnte Bedeutungszuwachs rechtspopulistischer Diskurse – auch unter norwegischen Intellektuellen – über den Erhalt der eigenen Identität (Døving 2015).

Zu einem ähnlichen Ergebnis kommt Bangstad (2016) in seiner Untersuchung. Auch er verweist auf die Bedeutung von Populismus und Terror. Neben den Anschlägen in Paris 2015 habe besonders der harte Kurs der seit 2013 an der Regierung beteiligten Fremskrittspartiet (Fortschrittspartei) unter Siv Jensen zu einer Zunahme von Übergriffen gegen Muslime und Musliminnen geführt. In diesem Zusammenhang zeigt Bangstad auch, dass norwegische Medien nachweislich Rechtsextreme als legitime „Islamkritiker" ausweisen und Organisationen, die rassistische und fremdenfeindliche Inhalte vertreten, als „religionskritisch" darstellen (Bangstad 2016: 415). Die ECRI-Berichte über Norwegen unterstreichen zudem die immense Bedeutung des Internets als zentrales Medium zur Verbreitung muslimfeindlicher Inhalte sowie die sehr gute Vernetzung der Redaktionen einschlägiger Internetseiten, die in ganz Skandinavien operieren (ECRI 2015d: 15f.).

Ähnlich wie in Norwegen befruchten auch in Schweden soziale Onlinemedien Stereotypisierungen in „Gut" und „Böse" sowie „Wir" und „Sie" bzw. stilisieren Glauben und Religion zu sogenannten *group markern* (Abrashi et al. 2016: 507). Zu verzeichnen sind in Schweden nicht nur erhebliche Schwierigkeiten für Musliminnen und Muslime beim Zugang zum Arbeitsmarkt sowie eine hohe Vorurteilsrate bei schwedischen Arbeitgeberinnen und Arbeitgebern (49 % haben explizite, 94 % implizite Vorurteile), sondern auch ein Anstieg muslimfeindlicher Übergriffe zwischen 2010 und 2014 um 81 % (Agerström & Rooth 2009). Eine Entwicklung, die sich auch im Erfolg der rechtspopulistischen Schwedendemokraten (SD) bei den Parlamentswahlen 2014, bei denen sie 12,9 % der Stimmen und somit 49 Parlamentssitze erhalten konnten, manifestiert (Abrashi et al. 2016). Somit ist nicht nur in Norwegen, sondern auch in Schweden in den letzten Jahren eine zunehmende Abkehr vom multikulturellen Gesellschaftsmodell zugunsten einer auf restriktive und sicherheitspolitische Aspekte fokussierten Integrationspolitik zu beobachten: „,Immigrant' or, increasingly, ,Muslim' culture becomes a smokescreen behind which the wider societal context remains concealed" (Schierup & Ålund 2011: 54).

In Dänemark ist die Lage nicht viel anders. Ein Rückblick auf die politischen Entwicklungen nach 9/11 (Rytter & Pedersen 2014) kommt zu dem Schluss, dass in Dänemark staatliches Handeln maßgeblich die Ausbreitung von Muslimfeindlichkeit zu verantworten hat. Die Anschläge vom 11. September 2001 fielen mit einem historischen Wechsel im politischen System Dänemarks zusammen. Zum ersten Mal bestimmte eine Mitte-Rechts-Regierung ohne Beteiligung der Sozialdemokraten die dänische Politik. Bereits 2002 rief der damalige Ministerpräsident Anders Fogh Rasmussen einen „Kulturkampf" aus, ein Begriff, der 2004 auch von Bildungsminister Brian Mikkelsen aufgenommen wurde, in dem er sogenannten Parallelgesellschaften den Kampf ansagte (ebd.).

In den Jahren 2001 bis 2010 wurden die allgemeinen Ausländergesetze und die Zuzugsbestimmungen verschärft, sodass auch bereits in Dänemark lebende Musliminnen und Muslime sich verschärften Regulierungen ausgesetzt sahen. So wurde bspw. die finanzielle Förderung von muttersprachlichem Unterricht sowie von Migrantenselbstorganisationen (MSO) erheblich gekürzt oder ganz gestrichen und neue Antiterrorgesetze führten zu einer verstärkten „securitization" der dänischen Migrations- und Integrationspolitik (Rytter & Pedersen 2014). Zusätzlich verschärften den Diskurs die Auseinandersetzung um die Veröffentlichung islamkritischer Karikaturen und Ereignisse wie etwa der Anschlag auf die dänische Botschaft in Islamabad oder die versuchte Ermordung des Comicautors Kurt Westergaard im Jahr 2010. Die Vehemenz des Diskurses verdeutlicht z. B. folgender Twitter-Post eines dänischen Politikers aus dem Jahr 2014: „On the situation of the Jews in Europe: Muslims continue where Hitler ended. Only the treatment Hitler got will change the situation" (ECRI 2017: 15).

Dänische Untersuchungen zeigen auch, dass Musliminnen und Muslime sich besonders von dem äußerst breit gefassten Begriff der Radikalisierung stigmatisiert und hyper-visibilisiert fühlen: „[...] the omnipresent suspicion of Muslim citizens creates a permanent condition of non-recognition; irrespective of their genuine efforts, the Muslim minority population can never convince the majority of their just intentions" (Rytter & Pedersen 2014: 2316). Dies trifft insbesondere auf junge Musliminnen zu, die – wie auch in anderen europäischen Ländern – aufgrund ihrer Bekleidung in den Fokus der Diskussion geraten sind. Die Überschätzung bestimmter Phänomene wurde in Dänemark z. B. besonders deutlich, als 2010 eine Studie der Universität Kopenhagen herausfand, dass lediglich drei Frauen in Dänemark eine Burka tragen; dennoch aber bereits 2009 eine parlamentarische Kommission zur Untersuchung des Burkatragens eingesetzt wurde (Ellis 2010).

Entsprechend der ähnlichen Befunde für Norwegen, Schweden und Dänemark unterscheiden sich auch die ECRI-Empfehlungen nur marginal:

- „ECRI strongly recommends that the Norwegian authorities monitor the situation as concerns Islamophobia in Norway and take swift action to counter any such manifestations as necessary. It encourages the Norwegian authorities to cooperate with representatives of the Muslim communities of Norway in order to find solutions to specific issues of their concern" (ECRI 2015d: 29).
- „ECRI recommends that the Swedish authorities step up their efforts to combat Islamophobia, with particular attention to hate speech on the Internet. It again draws their attention to its General Policy Recommendation No. 5 on combating intolerance and discrimination against Muslims, which proposes a range of measures that the authorities can take to this end" (ECRI 2012: 36).

- „ECRI reiterates its recommendation that the [Danish] authorities impart to the media the need to ensure that their information does not contribute to hostility towards members of groups subjected to hate speech. The authorities should also encourage and support initiatives by the media industry to (i) provide anti-racism training to journalists, and (ii) debate the image they convey to the public of Islam and Muslim communities" (ECRI 2017: 16).

2.2. Mitteleuropa: Niederlande, Österreich, Schweiz

Der ECRI-Bericht über die Niederlande geht auf die Schwierigkeiten der Datenerfassung zum Thema Muslimfeindlichkeit ein und verweist auf das systematische „underreporting" von Muslimfeindlichkeit (ECRI 2013: 41). Ferner unterstreicht der Bericht die Notwendigkeit dezidierten staatlichen Handelns. Vor allem tätliche Angriffe, aber auch diskriminierende Äußerungen gegen Musliminnen und Muslime im Internet bzw. in den sozialen Medien sowie auf der politischen Bühne (Stichwort Kopftuchdebatte) haben in den Niederlanden erheblich zugenommen.

Auch der SETA-Bericht 2015 skizziert für die Niederlande eine beunruhigende Zunahme von muslimfeindlichen Übergriffen sowohl gegen Musliminnen und Muslime als auch gegen Moscheen (van der Walk 2016). Dieser bestätigt die von ECRI angesprochenen Schwierigkeiten, valide Daten über Muslimfeindlichkeit vorlegen zu können. Entweder, so van der Walk, werden Übergriffe von den Betroffenen nicht angezeigt oder gemeldet, oder die Kategorien der offiziellen Statistik sind unzureichend, um Muslimfeindlichkeit adäquat zu beziffern. Allerdings belegen aktuelle Studien, dass sich Musliminnen und Muslime – sowohl aufgrund ihrer ethnischen Zugehörigkeiten als auch aufgrund ihres Glaubens – in den Niederlanden nicht zugehörig fühlen. Eine Tatsache, die sich auch darin zeigt, dass 44 % der niederländischen Bevölkerung über Jahre hinweg konstant der Meinung waren, dass die Lebensstile von Musliminnen und Muslimen und von Westeuropäern nicht kompatibel seien (ebd.).

Sowohl ECRI als auch SETA gehen auf die Rolle und Bedeutung des Politikers Geert Wilders für die niederländische Debatte ein. Van der Walk (2016) betrachtet die Parteienlandschaft und zeigt auf, dass laut den aktuellen Meinungsumfragen Wilders' Partei für die Freiheit (PVV) die stärkste Partei in den Niederlanden ist, wenngleich ihr eine starke politische sowie zivilgesellschaftliche Opposition gegenübersteht. Interessant sind auch die detaillierten Informationen des ECRI-Berichts zu diversen muslimfeindlichen Aussagen von Geert Wilders sowie zu seinem 2011 erfolgten Freispruch vom Vorwurf der Anstiftung zum Hass gegen Musliminnen und Muslime (ECRI 2013: 15).

Aouragh (2014) beschreibt in seiner Untersuchung darüber hinaus die nachhaltige Veränderung des sozialen Klimas nach den Ermordungen von Pim Fortuyn 2002 und Theo Van Gogh 2004. Spätestens damals wurde, so Arouagh, dem Modell des Multikulturalismus eine Absage erteilt, wurden Muslime zum „common denominator for danger, oppression of women, over-population, social crisis, and so on" (Aouragh 2014: 360f.) stilisiert. Erschreckend sei vor allem das Fehlen von „systematic counter-narrative[s]" (ebd.), das letztlich zur Intensivierung des rassistischen Diskurses beigetragen habe.

Vergleichbare Entwicklungen zeigt auch der Blick nach Österreich, wo Muslimfeindlichkeit in den letzten zehn Jahren ebenfalls deutlich zunahm (Hödl 2010), wenn auch auf einem niedrigeren Niveau als bspw. in den Niederlanden. Treibende Kräfte sind auch hier allen voran rechtspopulistische Parteien wie bspw. die FPÖ: Berichte über radikale Inhalte in Schulbüchern privater islamischer Schulen, radikalislamisch motivierte Straftaten im Ausland wie bspw. die Ermordung Theo van Goghs kündigten den Umschwung in der allgemeinen Stimmung an (ebd.).

Im Jahr 2015 war die öffentliche Debatte in Österreich stark von den Anschlägen in Paris im Januar und November desselben Jahres geprägt (Hafez 2016). Auch die Zunahme der Anzahl von Geflüchteten im Land führte zu einer Verschärfung der allgemeinen Stimmung, die sich wiederum in Übergriffen gegen Musliminnen und Muslime niederschlug. Besonders die FPÖ versuchte sich in den Wahlkämpfen 2015 und 2016 mit muslimfeindlichen Verlautbarungen zu profilieren (ebd.). Allerdings beschränken sich auch in Österreich muslimfeindliche Äußerungen und Vorschläge keineswegs nur auf die FPÖ. Die ehemalige Innenministerin Liese Prokop und die Ministerin für Gesundheit und Frauen Maria Rauch-Kallat, beide Mitglieder der konservativen ÖVP, kündigten bereits 2005 eine aggressive Vorgehensweise gegen religiöse Praktiken von Musliminnen und Muslimen an (Hödl 2010).

Dennoch gilt Österreich religionspolitisch, aufgrund der bereits 1912 rechtlich verankerten Anerkennung muslimischer Gemeinden durch das Islamgesetz, nach wie vor als liberal. Auch die 2015 erfolgte Überarbeitung des Islamgesetzes (u. a. mit Regelungen zu islamischen Feiertagen, muslimischer Seelsorge oder theologischen Studiengängen) wird im ECRI-Bericht positiv bewertet (ECRI 2015c: 28). Kritisiert wurde das Gesetz allerdings dafür, dass es die Möglichkeit islamischer Vereine stark einschränke, sich auch außerhalb der staatlich etablierten Strukturen zu betätigen (Hafez 2016).

Auch in der Schweiz zeigt sich, dass aufgrund der Berichterstattung über internationale Konflikte und Krisen Stereotype über Musliminnen und Muslime und „den" Islam konstruiert werden (Merali 2016). Laut Cheng (2015) wurden in der Schweizer Berichterstattung über Musliminnen und Muslime bereits nach 9/11 ethnische Stereotype von religiösen Markern abgelöst und so ein neues Feindbild konstruiert (Cheng 2015: 570). Der SETA-Bericht 2016 betont in diesem Zusammenhang v. a. die Diskriminierung von verschleierten Musliminnen sowie die im Rahmen der Kopftuchdebatten entstandenen „identitary fetishes serving as foils for contrast with a conception of feminism excluding the very principle of free choice" (Zouggari 2017: 574).

In der Alltagspraxis drückt sich Muslimfeindlichkeit zudem in der Schweizer Einbürgerungspraxis aus. So haben bspw. Personen mit einem christlichen und/oder europäischen Hintergrund einen leichteren Zugang zur schweizerischen Staatsangehörigkeit als (nicht-europäische) Musliminnen und Muslime (Orakzai 2016; Lindemann & Stolz 2014). Allerdings ist auch diese Entwicklung nicht neu: Bereits 2004 lehnten die Schweizerinnen und Schweizer in einer Volksbefragung den Vorschlag ab, das Einbürgerungsverfahren zu erleichtern, wobei die Gegnerinnen und Gegner des Vorschlags mit dezidiert muslimfeindlichen Plakaten warben. Im Jahr 2009 stimmten 59,7 % der Wählerinnen und Wähler nach einer intensiven Kampagne für ein Minarett(bau)verbot in der Schweiz (Orakzai 2016). Im Jahr 2014 wurde zudem in einer Volksabstimmung der Vorschlag der Schweizerischen Volkspartei (SVP) angenommen, Zuwanderung in die Schweiz zu begrenzen. Wählerentscheidungen werden, so Orakzai, auch in der Schweiz längst nicht mehr nur anhand der Links-Rechts-Achse, sondern auch durch die Haltung der Parteien zum Islam entschieden (ebd.).

Zusammenfassend lässt sich festhalten, dass Muslimfeindlichkeit auch in den Niederlanden, der Schweiz und in Österreich in den letzten Jahren stetig zunahm. Eine besondere Rolle bei der Formulierung und Verbreitung muslimfeindlicher Stereotype spielen auch hier einschlägige Internetplattformen, Social-Media-Kanäle sowie der Bedeutungsgewinn rechtspopulistischer Parteien. Vor diesem Hintergrund sind, wie schon für Skandinavien, auch die ECRI-Empfehlungen für Österreich, die Niederlande und die Schweiz zu sehen:

- „ECRI recommends that the Swiss authorities draw the attention of political decision-makers to the principles and recommendations laid down in the Charter of European Political Parties for a Non-Racist Society and in ECRI's Declaration on the Use of Racist, Antisemitic and Xenophobic Elements in Political Discourse. It also recommends that they re-examine the possibility of introducing a system of prior screening of the draft texts of popular initiatives so as to verify their conformity with international law and thereby avoid racist and discriminatory campaigns" (ECRI 2014a: 17).
- „ECRI strongly recommends that the authorities [of the Netherlands] provide a strong response to violent racist incidents, in particular as concerns the widespread attacks to mosques, with a wide array of measures, from political statements to increased provision of funds earmarked for the security of mosques to the vigorous enforcement of criminal law provisions against racism and racial discrimination" (ECRI 2013: 41).
- „ECRI recommends that the authorities [of Austria] ensure, in view of the sustainable integration of important parts of the population, that any restriction and differential treatment with regard to practice of Islam is in line with the European Court of Human Rights case law" (ECRI 2015c: 28f.).

2.3. Westeuropa: Frankreich, Belgien, Vereinigtes Königreich

Auch in Westeuropa ist Muslimfeindlichkeit auf dem Vormarsch. Das heißt, auch in Ländern wie Frankreich, Belgien und im Vereinigten Königreich, in denen aufgrund der kolonialen Vergangenheit das Zusammenleben mit Musliminnen und Muslimen keineswegs neu ist, werden Hass und Ablehnung größer. Bereits 2010 gaben über ein Drittel der in Frankreich lebenden Musliminnen und Muslime an, Diskriminierung erfahren zu haben, während in der Gesellschaft das Gefühl wächst, es bestehe eine unüberwindliche Trennung zwischen Mehrheitsbevölkerung und Musliminnen und Muslimen (Laitin 2010).

Esteves (2016) bestätigt dies in seiner Untersuchung, in der er zeigt, wie die Abgrenzung von Musliminnen und Muslimen von islamistischem Terrorismus nach dem Anschlag auf das Satiremagazin Charlie Hebdo (Januar 2015) sowie auf verschiedene Restaurants und den Pariser Club Bataclan im November desselben Jahres sukzessive an Bedeutung verlor. Vielmehr ist seither auch in Frankreich die Ausweitung sicherheitspolitischer Verdachtsmomente auf die gesamte muslimische Community zu beobachten: So seien etwa nach den Anschlägen im November Musliminnen und Muslime sowie die muslimischen Organisationen aufgerufen worden, sich von islamischem Terrorismus zu distanzieren. Die damit suggerierte vermeintliche Nähe zum radikalen Islamismus verstärkte den allgemeinen Verdacht gegen Musliminnen und Muslime (Esteves 2016).

Diese Verschärfung muslimfeindlicher Einstellungen geht auch in Frankreich, so Esteves, einher mit einer zunehmenden Stärkung der rechtsextremen Partei Front National (FN), einer steigenden Akzeptanz von Muslimfeindlichkeit durch Intellektuelle, einer Zunahme der räumlichen und schulischen Segregation sowie mit der Forderung, „die" Laizität als Bollwerk gegen „den" Islam ausbauen zu wollen (Esteves 2016). Ferner äußert sich, so der ECRI-Bericht, Muslimfeindlichkeit auch in Frankreich in Form von Hate Speech im Internet sowie durch muslimfeindliche Äußerungen von Politikerinnen wie Marine Le Pen, die öffentliche Gebete von Muslimen mit der deutschen Besatzung verglich (ECRI 2016a: 16f.).

Zudem zeigt sich der Bericht besorgt über die Lage muslimischer Frauen, besonders was ihren Zugang zum Arbeitsmarkt, die Umsetzung des Verschleierungsverbotes und ihre Darstellung in Medien und Schulbüchern angeht. Die Prinzipien Gleichheit und Laizität seien zwar die Säulen des Republikanismus, allerdings könne dieser auch aus dem Gleichgewicht geraten (ECRI 2016a: 27). Aber auch die vermutete Weigerung von Minderheiten, die geteilten Werte zu akzeptieren, könne eine negative Wirkung zeigen. So geben in einer repräsentativen Umfrage des Collectifs contre l'islamophobie en France (CCIF) 47 % der Befragten an, eine negative Meinung über den Islam zu haben, lediglich 26 % haben eine positive Meinung. Religiöse Praktiken wie etwa das Gebet werden von 52 % als ein erhebliches Hindernis für das Zusammenleben mit Musliminnen und Muslimen genannt (CCIF 2016: 18).

2015 wurden durch das CCIF insgesamt 905 muslimfeindliche Handlungen erfasst (2013: 691; 2014: 764), was im Vorjahresvergleich einen Anstieg um 18,5 % bedeutet. Allerdings wurde nur in 126 Fällen Anzeige erstattet (CCIF 2016). CCIF weist zudem darauf hin, dass 64 % der gemeldeten Diskriminierungen von staatlichen Institutionen verübt wurden, 34 % von Rechtspersonen und lediglich 2 % von Privatpersonen. Am häufigsten werden Schulen und Einrichtungen der Berufsausbildung genannt, gefolgt von der Verwaltung und anderen staatlichen Einrichtungen (siehe Abbildung 8). Als diskriminierend wird auch die intensive polizeiliche Intervention während des Ausnahmezustands bewertet, die laut eigener Aussagen führender Polizeikräfte präventiven Charakter hat und keinem konkreten Tatverdacht folgt (CCIF 2016).

Gemeldete und angezeigte muslimfeindliche Diskriminierung

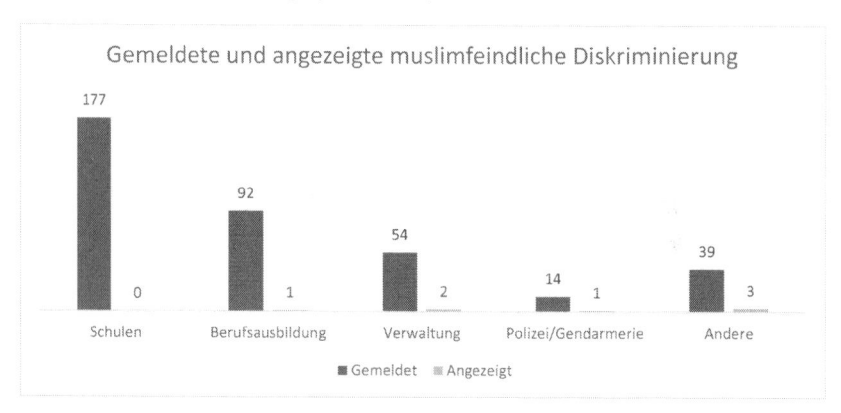

Ort	Gemeldet	Angezeigt
Schulen	177	0
Berufsausbildung	92	1
Verwaltung	54	2
Polizei/Gendarmerie	14	1
Andere	39	3

Abbildung 8: Gemeldete und angezeigte Vorfälle muslimfeindlicher Diskriminierungen nach Orten
Absolute Zahlen (CCIF 2016: 22)

Einen Anstieg muslimfeindlicher Handlungen verzeichnet auch die Antidiskriminierungs-organisation UNIA in Belgien. Der UNIA-Jahresbericht (UNIA 2016) führt für 2015 insgesamt 1.596 sogenannte Dossiers auf, die wegen Verstößen gegen die Antidiskriminierungsgesetzgebung eröffnet wurden. 330 Dossiers davon befassten sich mit Diskriminierungen aufgrund religiöser Motive, wovon wiederum 91 % Musliminnen und Muslime betrafen. Dabei handelte es sich um Diskriminierungen in den Bereichen Medien (55 %), Beschäftigung (14 %) und Bildung (11 %) (UNIA 2016: 47f.). Auch der ECRI-Bericht über Belgien kommt zu dem Schluss, dass muslimische Menschen in Belgien, „continue to face in general many disadvantages, including discrimination in key fields of life" (ECRI

2014: 30). Musliminnen und Muslime werden in der öffentlichen Debatte nicht selten negativ und als integrationsunwillig dargestellt. Zudem verstärken der Gesetzesentwurf eines Verschleierungsverbotes sowie das Verbot mehrerer Kommunen, Moscheen zu bauen, das Gefühl des Ausgegrenztseins.

Allerdings ist Muslimfeindlichkeit auch in Belgien kein neues Phänomen. Schon in den 1990er-Jahren heizte die Debatte um die Integration von Musliminnen und Muslimen der zweiten und dritten Generation die gesellschaftliche Stimmung an. Politisch fand das Unbehagen gegenüber der Kultur von Zugewanderten erstmals in den Parlamentswahlen 1991 Ausdruck, bei denen der rechtsextreme Vlaams Blok (VB) erstmals von zwei auf zwölf Sitze zulegen konnte (Zemni 2011). Richtig Fahrt nahm die Debatte allerdings auch in Belgien erst nach 9/11 auf. Besonders hervor tat sich der niederländische Stadtforscher Paul Scheffer, der mit seinem Artikel „The multicultural drama" (2000) auch vielen muslimfeindlichen Stimmen aus Belgien eine wissenschaftliche Grundlage lieferte. Die heutige Debatte, so Zemni, zeichnet sich durch einen „neuen Realismus" (ebd.: 38) aus, der zwar ebenfalls einen Kulturkampf propagiert, aber keine neokonservativen Argumente (der Islam sei totalitär, faschistisch, von Natur aus grausam) aufgreift, sondern sich auf liberale Argumente wie bspw. die Verteidigung von Frauenrechten stützt.

Wie in Frankreich und Belgien, so führten auch im Vereinigten Königreich die Anschläge von Paris, Brüssel und London, die Ermordung britischer Touristinnen und Touristen in Tunesien, die Aktivitäten von ISIS sowie die staatliche Politik der „securitization" zu einer deutlichen Verschlechterung in der öffentlichen Wahrnehmung von Musliminnen und Muslimen. Dies macht sich nicht zuletzt in der Medienberichterstattung bemerkbar: „A spiral of negative commentary from certain mainstream media outlets that had an impact on Muslims" (Merali 2016: 93). Besonders muslimische Frauen symbolisieren und visualisieren oftmals „den" Islam und werden dadurch zu einer einfachen Zielscheibe für Aggressionen in der realen und virtuellen Welt (Awan & Zempi 2015a, 2015b).

Eine Befragung, die 2015 im Auftrag der BBC durchgeführt wurde, ergab, dass sich zwar 93 % der Musliminnen und Muslime dem Vereinigten Königreich gegenüber loyal fühlen und anerkennen, dass Gesetze eingehalten werden müssen (ComRes 2015: 9). Gleichzeitig geben jedoch 46 % dieser Befragten an, dass es aufgrund von Vorurteilen schwierig sei, im Vereinigten Königreich als Muslimin oder Muslim zu leben (ebd.: 13). Das hier beschriebene Dilemma ist allerdings auch in Großbritannien keineswegs neu. So verzeichnen bereits Untersuchungen aus den Jahren 2005 und 2006 muslimfeindliche Diskriminierungen auf dem Arbeitsmarkt, im Bildungssystem und im Gerichtswesen (The Open Society Institute 2005) und weisen darauf hin, dass viele Musliminnen und Muslime das englische Rechtssystem als unfair empfinden, weil es doppelte Standards anwende (Bloul 2008). Auch ältere Eurobarometer-Umfragen und der Citizenship Survey unterstrichen bereits vor einigen Jahren (Bleich & Maxwell 2012) die starke Diskriminierung von Musliminnen und Muslimen im Vergleich zu Angehörigen anderer Religionsgemeinschaften. Ebenso wenig neu ist die Tatsache, dass Musliminnen und Muslime als die religiöse Gruppe wahrgenommen werden, die am weitesten vom Mainstream-Wertekanon entfernt sei (Bleich 2009).

In den letzten Jahren wurden in Großbritannien aber auch Fortschritte erzielt, z. B. was die Erfassung von und den Umgang mit Muslimfeindlichkeit angeht. So wurde zur Ergänzung offizieller Statistiken bspw. die Organisation Tell MAMA (Measuring Anti-Muslim Attacks) gegründet, bei der Betroffene muslimfeindliche Vorfälle online, über Twitter, Whatsapp, Facebook oder auch persönlich melden können (Tell MAMA 2016). Im Jahr 2015 wurden Tell MAMA insgesamt 1.128 Vorfälle direkt und 1.494 Vorfälle von kooperierenden Polizeidienststellen gemeldet. 801 der direkt gemeldeten Vorfälle konnten überprüft und bestätigt werden: 61 % der Opfer waren Frauen, von denen wiederum 75 % deutlich als Musliminnen zu erkennen waren (ebd.). Im Umgang mit Muslimfeindlichkeit spielt vor allem das im Bildungsbereich angesiedelte Programm PREVENT eine zentrale Rolle. Es handelt sich dabei um den präventiven Strang der Antiterrorpolitik von New Labour, der mit Hilfe einer „rethoric of community cohesion and British values" (Merali 2016: 560) auf die Stärkung der Gemeinschaften setzt; dabei aber auch darauf abzielt, neue Informationen über in Großbritannien lebende Musliminnen und Muslime zu gewinnen (Alam & Husband 2013; Hussain & Bagguley 2012).

Wie in Nord- und Mitteleuropa, so ist also auch in Westeuropa Muslimfeindlichkeit zu einem Alltagsphänomen avanciert. Um von staatlicher Seite dagegen vorzugehen, empfiehlt der ECRI-Bericht u. a. folgende Maßnahmen in Frankreich, Belgien und im Vereinigten Königreich umzusetzen:

- „ECRI recommends that the French authorities clarify the regulations concerning the wearing of a headscarf by mothers who accompany school outings and take steps to ensure that decisions taken by school authorities are in no way discriminatory, including by providing for the appropriate sanctions if necessary" (ECRI 2016a: 26).
- „ECRI strongly recommends that [in the United Kindom] the authorities establish a real dialogue with Muslims in order to combat Islamophobia. They should consult them on all policies which could affect Muslims" (ECRI 2016b: 30).
- „ECRI recommends that the [Belgian] authorities ensure that the new regulations for collecting data on racist and homo/transphobic incidents are applied in practice so that specific and reliable data on hate speech offences and the follow-up given to them by the criminal justice system is made available" (ECRI 2014b: 18).

2.4. Osteuropa: Polen, Tschechien, Ungarn

Wie in allen bisher behandelten Ländern gewinnt Muslimfeindlichkeit auch in Polen[2], Tschechien und Ungarn an Bedeutung; interessanterweise, obwohl dort kaum Musliminnen und Muslime leben. So galten in Polen Musliminnen und Muslime – die in der polnischen Wahrnehmung gerne mit „den Arabern" gleichgesetzt werden – in allen repräsentativen Umfragen zwischen 2002 und 2012 als unbeliebteste Gruppe (Pędziwiatr 2016). Eine Umfrage aus dem Jahr 2015 ergab, dass 44 % der polnischen Bevölkerung eine negative, 33 % eine neutrale und lediglich 23 % eine positive Einstellung zu Musliminnen und Muslimen haben, obwohl gerade einmal 5.108 Musliminnen und Muslime in Polen leben. Für Pędziwiatr wird dieses Denken besonders durch muslimfeindliche Diskurse der katholischen Kirche und rechter bis rechtsextremer politischer Parteien geprägt (Pędziwiatr 2016). Hinzu kommen, auch in Polen, antimuslimische Diskurse im Internet bzw. in den sozialen Medien sowie das bereits für die Niederlande zitierte Fehlen von „appropriate sanctions against persistently offending media outlets whose racist rhetoric has already been stressed" (ECRI 2015b: 9).

---

[2] Siehe zu Polen ebenfalls den Essay „Wo sich Unwissenheit und Ängste verbinden – Von der angeblichen Muslimfeindlichkeit in Polen" von Ziad Abou Saleh im Teil B dieses Buches.

Auch in Polen führten die im Januar 2015 in Paris verübten Anschläge zu einer Verschlechterung der allgemeinen Stimmung gegenüber Musliminnen und Muslimen. Deutlich wurde dies im Rahmen der Parlaments- und Präsidentschaftswahlen im Mai und Oktober 2015, bei denen nicht nur Parteien aus dem rechten Spektrum offen muslim- und fremdenfeindliche Ideen über eine „imminent Muslim invasion, sharia courts in Poland and refugees bringing ‚cholera' and ‚parasites' to Europe"(Pędziwiatr 2016: 434) propagierten und Muslimfeindlichkeit somit zur Salonfähigkeiten verhalfen. Die Anschläge in Paris im November 2015 verschärften die Situation zusätzlich und führten zu einer weiteren Radikalisierung des politischen Diskurses der neuen PIS-Regierung in Sachen Zuwanderung. Im Alltag äußerte sich Muslimfeindlichkeit in Polen anhand einer Reihe von Übergriffen gegen Moscheen, aber auch gegen Musliminnen und Muslime selbst (ebd.).

In der Tschechischen Republik äußert sich Muslimfeindlichkeit seit einigen Jahren durch eine verstärkte muslimfeindliche Mobilisierung auf der Straße (Dizdarevič 2016). Die Bewegung „Block gegen den Islam" um Martin Konvička führte 2015 gleich mehrere Demonstrationen mit einem radikal-muslimfeindlichen Tenor durch. Im gleichen Jahr gab es, wie schon in Polen, ebenfalls Übergriffe auf Musliminnen und Muslime sowie Angriffe auf Moscheen. Ähnlich zu seinem Nachbarland, wird Muslimfeindlichkeit in der Tschechischen Republik mit dem Thema Migration in Verbindung gebracht und dies, obwohl kaum Musliminnen und Muslime im Land leben; also auch hier kann von einer „Islamophobie ohne Muslime" (ebd.: 120) gesprochen werden. Wie in allen bereits diskutierten Ländern, sind auch in der Tschechischen Republik Internet bzw. soziale Medien „the bastion of Islamophobia", was Dizdarevič v. a. auf die Interaktivität und Anonymität des Internets zurückführt (ebd.: 124).

Eine Sonderstellung scheint Ungarn einzunehmen, in dessen aktuellem ECRI-Länderbericht 2015 Muslimfeindlichkeit nicht erwähnt wird (ECRI 2015a). Auch der aktuelle SETA-Bericht 2016 bewertet Ungarn positiv, als ein Land mit einer „very small but well-integrated Islamic community and historically rather positive public attitudes towards Islam" (Sereghy 2016: 258). Diese Bewertungen dürfen allerdings nicht darüber hinwegtäuschen, dass in Ungarn die Zuwanderung Geflüchteter antimuslimischen Diskursen starken Auftrieb gegeben und Muslimfeindlichkeit zu einem omnipräsenten Thema gemacht hat (Sereghy 2016: 258). Eine Umfrage des Pew Research Center aus dem Jahr 2016 spiegelt diesen Trend wieder (siehe Abbildung 12). In Ungarn bedient sich nicht nur die rechtsextreme Partei Jobbik muslimfeindlicher Argumente, auch der ungarische Regierungspräsident Orban unterstrich wiederholte Male die Unvereinbarkeit des Islams mit den westlichen Werten und stellte sein Land als Bollwerk gegen den Islam dar. Staatlich kontrollierte Medien flankierten diese muslimfeindliche Ausrichtung der Regierung. Kommentatoren publizierten wiederholt stereotypisierte Meinungen, die die allgemeine Verunsicherung noch verstärkten (ebd.: 263).

Interessanterweise sprechen die ECRI-Berichte für Polen, die Tschechische Republik und Ungarn – im Unterschied zu den bisher betrachteten Ländern – keine speziellen Empfehlungen für den Umgang mit Muslimfeindlichkeit aus.

2.5. Süd- und Südosteuropa: Griechenland, Italien, Kroatien

In Griechenland werden muslimfeindliche Argumente hauptsächlich von rechtsextremen Organisationen wie der Partei Chrysi Avgi („Goldene Morgendämmerung") vertreten: Die Regierung selbst führe zwar keinen muslimfeindlichen Diskurs, durch ihre Unfähigkeit, geltende Gesetz effektiv umzusetzen, leiste sie diesem jedoch Vorschub. Es fehle an einer koordinierten und effizienten Strategie, um Muslimfeindlichkeit zu begegnen, so Sakellariou (2016) in seinem SETA-Bericht über Griechenland. Muslimfeindlichkeit spiele zwar keine Rolle auf dem Arbeitsmarkt, in Schulen oder im Justizwesen, würde jedoch verstärkt im Internet bzw. in den sozialen Medien vorkommen. Auch ECRI hebt die Rolle der griechischen Medien hervor, die Kriminalität und Terrorismus nicht selten mit der Einwanderung von Musliminnen und Muslimen in Verbindung bringen (ECRI 2015e: 21).

Im Jahr 2015 war die mediale Berichterstattung in Griechenland im Wesentlichen von drei Debatten geprägt: Der Auseinandersetzung um den Bau einer Moschee in Athen, der sogenannten „Flüchtlingskrise" und der Anschläge in Paris (Sakellariou 2016: 240). Interessant ist, dass besonders auf lokaler Ebene auch einige führende Geistliche der Orthodoxen Kirche maßgeblich an der Verbreitung muslimfeindlichen Gedankengutes beteiligt waren. Sakellariou zitiert etwa den Metropol von Piräus, der sich 2015 mit folgendem Argument gegen den Bau einer Moschee in Athen und gegen die Einrichtung einer Abteilung für islamische Studien an der Theologischen Fakultät der Universität Thessaloniki aussprach:

„Among religions Islam is the only religion that is aggressive violent and fundamentalist, because the Koran teaches violence and Holy War (Jihad) against the infidels in order to prevail" (ebd.: 213).

Dem SETA-Länderbericht zufolge waren auch in Italien im Jahre 2015 die Anschläge von Paris das einschneidende Ereignis im Hinblick auf den Bedeutungszuwachs von Muslimfeindlichkeit (Siino & Levantino 2016). Den Anschlägen folgten feindliche Kommentare in den Medien sowie von konservativen Politikerinnen und Politikern. Übergriffe gegen einzelne Musliminnen und Muslime sowie gegen Moscheen nahmen zu. Frauen, die sich verschleiern oder ein Kopftuch in der Öffentlichkeit trugen, wurden beschimpft. Auf lokaler und regionaler Ebene wurden Verbote von Verschleierungen in der Öffentlichkeit erwogen und teilweise auch durchgesetzt. Desweiteren wurden in verschiedenen italienischen Städten Diskussionen um Moscheen geführt, für deren Bau Bürgermeisterinnen und Bürgermeister die Erteilung entsprechender Genehmigungen verweigerten (Giacalone 2017). Auf der politischen Ebene werden muslimfeindliche Positionen vor allem von der extremen Rechten vertreten. Linke Politikerinnen und Politiker, die sich öffentlich muslimfeindlich äußern, werden in der Regel von ihren Parteien sanktioniert (Siino & Levantino 2016: 277).

2015 tat sich besonders die Lega Nord (LN) in der Verbreitung muslimfeindlicher Inhalte hervor. Daneben stachen auch andere rechtsextreme Splittergruppen wie Forza Nuova oder CasaPound ins Auge. Erstere brachten 2015 vor verschiedenen Moscheen im Veneto Transparente an, auf denen vor einer vermeintlichen „Kriegszone, islamisch besetztes Gebiet" gewarnt wurde. Letztere sprechen in ihrem Programm von einer Invasion von Musliminnen und Muslimen (ebd.: 287). Die Medien, allen voran konservative Tageszeitungen, verstärken diese Meinungen durch Schlagzeilen nach den Anschlägen in Paris wie „Islamische Schlächter" in Il Giornale am 08.01.2015 oder „Islamische Bastarde", erschienen in Libero am 14.11.2015. Seit 2015 gibt es allerdings verstärkt Bestrebungen der italienischen Behörden, rassistische, fremdenfeindliche und muslimfeindliche Internetseiten zu sperren (ebd.: 282).

Auch in Kroatien erlebt Muslimfeindlichkeit seit den Pariser Anschlägen und der Ermordung eines kroatischen Staatsbürgers 2015 in Ägypten einen erheblichen Aufschwung (Obućina 2016). Wenngleich die Ermordung des kroatischen Staatsbürgers Tomislav Salopek durch den IS in Ägypten zwar zu einer breiten Diskussion über Islam und Islamismus in der Öffentlichkeit führte, so wurde dennoch sowohl von der Regierung als auch in den Medien generell zwischen der Religion von Musliminnen und Muslimen und Terrorismus unterschieden (ebd.: 98). Auch die Umleitung von mehreren hunderttausend Flüchtlingen durch Kroatien, nachdem Serbien die Grenzen geschlossen hatte, führte zu keinem nennenswerten Anstieg der Muslimfeindlichkeit, obwohl einige rechtsradikale Parteien das Thema im Zuge der Parlamentswahlen im November 2015 auf die Agenda brachten (ebd).

So äußerte sich Ladislav Ilčić, der Führer der Regierungspartei Hrast, bspw. wiederholte Male muslimfeindlich und wies auf die „Unterschiede" zwischen Musliminnen und Muslimen und Kroatinnen und Kroaten hin. Zwar versuchte er nachträglich seine Standpunkte zu relativieren, entkräftete jedoch Vorwürfe wie eine „geringer ausgeprägte Arbeitsethik" der Musliminnen und Muslime nicht (ebd.: 102). Einige Medien reagierten positiv auf seine Äußerungen und nutzten sie im Rahmen einer stereotypen Berichterstattung über „den" Islam als Gefahr für die westliche Welt. Wie in allen bisherigen Länderberichten wird auch für Kroatien eine Zunahme muslimfeindlicher Äußerungen in den sozialen Medien konstatiert.

Dennoch spricht Obućina von einem „kroatischen Modell" (ebd.: 96), das sich durch die historisch gewachsenen Beziehungen zur muslimischen Community, die Sensibilität der Medien und einen soliden legalen Rahmen auszeichnet. Der Islam ist seit 1916 in Kroatien als Religion anerkannt. Muslimfeindlichkeit sei in Kroatien eher marginal vorhanden, da es sich bei den Musliminnen und Muslimen um Einheimische handele, so Obućina (ebd.).

Diese Einschätzung könnte erklären, warum Muslimfeindlichkeit im letzten ECRI-Bericht über Kroatien aus dem Jahr 2012 noch keine explizite Rolle spielt. Gleiches gilt für den letzten ECRI-Bericht über Griechenland von 2014. Auch in ihm spielt, wie im kroatischen Bericht, nur die Frage der Repräsentation muslimischer Minderheiten eine Rolle. Der aktuelle ECRI-Bericht über Italien lobt die Fortschritte der italienischen Regierung seit 2012, spricht aber auch erneute Empfehlungen aus:

- „In 2012 ECRI recommended that the Italian authorities pursue a regular, constructive dialogue with the representatives of the various Muslim communities in Italy and, if necessary, reinforce the structures established to permit such dialogue. ECRI is pleased to see that the Council for Italian Islam, an advisory body set up to promote dialogue between the State and the Muslim community at the national level, has resumed its meetings and is proposing concrete measures in favour of integration" (ECRI 2016c: 29).
- „In this context [construction of mosques] ECRI draws attention to its General Policy Recommendation No. 5 on combating intolerance and discrimination against Muslims [in Italy], recommending that particular attention be directed towards removing unnecessary legal or administrative obstacles to both the construction of sufficient numbers of appropriate places of worship for the practice of Islam and to its funeral rites" (ECRI 2016c: 29).

2.6. Zusammenfassung der Länderanalysen

Der Blick in einige ausgewählte Länder Europas zeigte deutlich, dass Muslimfeindlichkeit seit vielen Jahren in unterschiedlicher Intensität in allen Gesellschaften präsent ist. Ersichtlich ist ebenfalls, dass besonders der Bedeutungszuwachs rechtspopulistischer Meinungen und nicht zuletzt die Wahlerfolge rechtspopulistischer und rechtsextremer Parteien in allen Gesellschaften zu einem muslimfeindlichen Grundklima beitragen. Hinzu kommen muslimfeindliche und/oder stereotype Berichterstattungen nationaler Medien, populistischer Internetportale sowie über die immer bedeutender werdenden Social-Media-Kanäle. Nicht zuletzt führten die im Namen des Islams in Europa verübten Anschläge in Paris, Nizza, Berlin, London, Brüssel und Barcelona zu einer Zunahme von Angst und Unsicherheit und somit zu einer ablehnenden Haltung gegenüber Musliminnen und Muslimen.

All diese Entwicklungen lassen den Schluss zu, dass es sich bei Muslimfeindlichkeit um ein gesamteuropäisches Phänomen handelt:

> „The fear of further terrorist attacks has been used in several countries by populist political parties to gain votes in regional or national elections. The allegation that some of the terrorists involved in the Paris attacks in November came to Europe recently from Syria via the ‚Balkan route' has been misused by islamophobic politicians to stir up prejudice and hatred against

Muslim migrants in general. As a result, widespread mistrust towards Muslims, including those who were born in or have lived for a considerable time already in Europe, has developed. [...] Many Muslims feel unjustly under suspicion and complain about racial profiling in policing, counter-terrorism operations or border controls. Furthermore, already existing stigmatisation and discrimination of Muslims in various areas of social life, such as employment, housing and access to goods and services, are exacerbated. While Muslims in general suffer from this, those who choose to lead a life in accordance with strict religious rules, for example concerning their dress code or diet, are particularly affected" (ECRI 2016d: 14).

Welche Erklärungsansätze für den generellen Bedeutungszuwachs von Muslimfeindlichkeit in Europa herangezogen werden können, will das folgende Kapitel skizzieren.

3. Erklärungsansätze für Muslimfeindlichkeit in Europa

Muslimfeindlichkeit ist, wie gezeigt, in ganz Europa präsent und vielfach auch salonfähig geworden. In der Forschung werden hierfür mehrere Faktoren genannt. Als kausal angesehen werden insbesondere individuelle Dispositionen, politische Diskurse, die Reaktion auf radikal-islamistisch motivierte Anschläge, die Medienberichterstattung sowie kulturelle und geschichtliche Hintergründe.

3.1. Individuelle und soziale Identitäten

In der theoretischen Debatte um Muslimfeindlichkeit sind verschiedene Instrumente entwickelt worden, um die individuelle Ablehnung von Musliminnen und Muslimen bzw. des Islams zu messen; ferner um Muslimfeindlichkeit in Bezug zu anderen Vorurteilen und Stereotypen zu setzen bzw. die Motive der Ablehnung zu ergründen (Echebarria-Echabe & Fernández Guede 2006 und 2007; Lee et al. 2009; Ernst & Bornstein 2012; Dekker & van der Noll 2012). Ganz allgemein scheint es einen engen kausalen Zusammenhang zu Einstellungen wie Rassismus und Antisemitismus zu geben, ebenso wie zu Autoritarismus, Konservatismus und dem „cultural desirability bias" (Helbling 2012: 9).

Die Theorie der sozialen Identität geht von der Annahme aus, es bestehe das Bedürfnis, ein positives Selbstbild in Abgrenzung zum (nicht-westlichen) Anderen zu konstruieren. „Der" Islam sowie „die" Musliminnen und Muslime bieten dabei ideale Projektionsflächen für die Konstruktion westlicher Überlegenheit, was nicht selten dazu führe, so der Wissenschaftler Edward Said, dass „colonial subjects think of themselves in the manner in which the West has instructed them to think of themselves" (Said, zit. in Ignacio Bjoernaas 2015: 81).

Die „Threat theory" untersucht den Effekt von Bedrohungsszenarien auf die Bildung von Stereotypen und Vorurteilen. Eine wichtige Komponente dieser Theorie ist die schlichte Größe der Gruppe. Umso größer diese ist respektive erscheint, desto bedrohlicher wird sie wahrgenommen (Adida et al. 2011). Dekker & van der Noll (2012) betonen zudem die Kombination von Bedrohungsgefühlen mit einem stark positiven Bild der eigenen Gruppe und zeigen auf, wie dieses Zusammenspiel Vorurteile verstärkt. Alam & Husband (2013) erklären Ängste gegenüber einer realistischen oder symbolischen Bedrohung mit der Antizipation von Kontrollverlust und persönlicher Verunsicherung. Sie machen das ständige Hinterfragen des Multikulturalismus für die Ängste vor in Europa lebenden Musliminnen und Muslimen verantwortlich, wobei besonders die Fokussierung auf Prozesse vermuteter Selbstausgrenzung und die vermeintliche Etablierung von Parallelstrukturen zu Verunsicherung führen.

Ciftci (2012) argumentiert ebenfalls, dass vor allem das Gefühl der kulturellen Bedrohung zu Muslimfeindlichkeit führe, wobei er zwischen symbolischen (Integrationsunwilligkeit) und generellen Bedrohungsszenarien (religiöser Extremismus) unterscheidet (ebd.: 307). Auch Kaya (2015) spricht von „symbolic threats" (ebd.: 453), unter die bspw. kulturelle und religiöse Praktiken von Musliminnen und Muslimen oder Forderungen nach mehr religiösen Rechten subsummiert werden können. In der Schweiz bestärkte bspw. die Forderung nach dem Bau von Moscheen bei der Mehrheitsbevölkerung das Gefühl einer Bedrohung durch den Islam (Helbling & Traunmüller 2016).

Helbling (2014) untersuchte ebenfalls die Verknüpfung von individuellen Einstellungen zu ethnischen Gruppen (fremdenfeindlich, liberal) mit der eigenen Religiosität und der Einstellung gegenüber dem Islam. Es zeige sich, dass traditioneller Glaube stark mit Konservatismus korreliert und die Zugehörigkeit zu einer Mehrheitsreligion eher dazu führt, dass die Etablierung einer „neuen" Religion sowie das Zugestehen von Rechten für diese abgelehnt werden. Die Existenz einer Staatsreligion wie im Vereinigten Königreich oder besonderer institutioneller

Bindungen zu einer bestimmten Kirche wie in Spanien könne auch die individuelle Tendenz zu muslimfeindlichen Einstellungen verstärken.

In der Forschung ist es allerdings umstritten, ob Anhängerinnen und Anhänger von Religionsgemeinschaften, z. B. Christinnen und Christen, eher zu Muslimfeindlichkeit tendieren (Kaya 2015). Ciftci analysiert eine Befragung in fünf westlichen Ländern (USA, GB, Deutschland, Frankreich und Spanien) und zeigt auf, dass Religiosität v. a. in den USA, nicht aber in Europa, mit muslimfeindlichen Einstellungen in Zusammenhang steht (Ciftci 2012). Diese These untersuchen auch Organ et al. (2014), die in ihrer Untersuchung aber nachweisen, dass Muslimfeindlichkeit v. a. durch konservative politische Einstellungen und weniger durch Religiosität beeinflusst wird. Zick et al. (2011) hingegen kommen in ihrer vergleichenden Studie acht europäischer Länder wie Helbling zu dem Schluss, dass „religious respondents are more likely to express prejudices than non-religious respondents" (ebd.: 148).

Vertreten wird allerdings auch die These einer Solidarität der Religionen (Modood 1994), die davon ausgeht, dass die Konfliktlinien zwischen denjenigen verlaufen, die meinen, Religion solle eine Rolle in einer säkularen Gesellschaft spielen, und denjenigen, die diesen Ansatz ablehnen. Clements (2013) Untersuchung der Determinanten von Muslimfeindlichkeit im Vereinigten Königreich zeigt, dass mit Ausnahme des Bildungsniveaus soziale Charakteristika (wie Alter, Ethnie, Geschlecht) keinen oder nur einen geringen Einfluss auf die Intensität von Muslimfeindlichkeit haben, Religiosität hingegen vermittelnd wirkt. Der Autor schließt daraus, dass die These der Solidarität der Religionen tatsächlich zutrifft, d. h., dass z. B. Christinnen und Christen mit einer hohen Wahrscheinlichkeit Musliminnen und Muslimen gegenüber positiv eingestellt sind. Kaya (2015) hingegen kommt in seiner Untersuchung zu dem Schluss, dass Religiosität die Ablehnung und die Vorurteile gegenüber Musliminnen und Muslimen kaum mindert, jedoch die verstärkende Wirkung anderer Faktoren, wie etwa sozialer Risiken, abschwächt. So kann der Autor bspw. zeigen, dass nicht-religiöse Personen, die befürchten, ihren Arbeitsplatz zu verlieren, eher zu muslimfeindlichen Einstellungen tendieren.

Liberale und Postmaterialisten hingegen sind, so die Argumentation von Sniderman & Hagendoorn (2007), generell ethnischen Minderheiten gegenüber aufgeschlossener und toleranter, jedoch kritischer gegenüber religiösen

Praktiken von Musliminnen und Muslimen. Hierzu merkt Helbling (2014) allerdings an, dass bei der Analyse zu bedenken sei, ob Liberale ihre Einstellung als einen Weg der Akzeptanz von Unterschieden verstehen oder tatsächlich als einzig gültige Weltanschauung. Joppke (2009) verweist in diesem Zusammenhang auf den unterschiedlichen Umgang mit religiösen Kleidungsvorschriften in Frankreich und dem Vereinigten Königreich. Beide Länder gelten als politisch liberal, vertreten aber z. B. hinsichtlich des Kopftuchtragens im öffentlichen Raum einen sehr unterschiedlichen Liberalismus. Der britischen Toleranz dem Kopftuchtragen gegenüber steht mit dem französischen Kopftuchverbot ein eher „repressiver Liberalismus" entgegen (Joppke 2007: 14).

Morgan & Poynting (2012) argumentieren, dass es sich beim Islam um den vorrangigen „folk devil" unserer Zeit handelt. Zur Erklärung der unterschiedlichen Erscheinungsbilder von Islamophobie und ihrer Auswirkung auf die politische Sphäre verwenden sie das Konzept der „moral panic, (...) a supposed identification of a society's ills – fixating on and aggregating a range of symptoms – and prescriptions to remedy these by both accredited experts and ordinary people" (Morgan & Poynting 2012: 5f.).

Zick et al. (2011) untersuchen Muslimfeindlichkeit aus der Perspektive „Gruppenbezogener Menschenfeindlichkeit" (GMF) und stellen fest, dass die Abwertung einer Gruppe in der Regel auch mit der Ablehnung anderer Gruppen einhergeht, dass GMF mit dem Alter ansteigt (siehe Abbildung 9) und unter Frauen und Männern in etwa gleich ausgeprägt ist (siehe Abbildung 10).

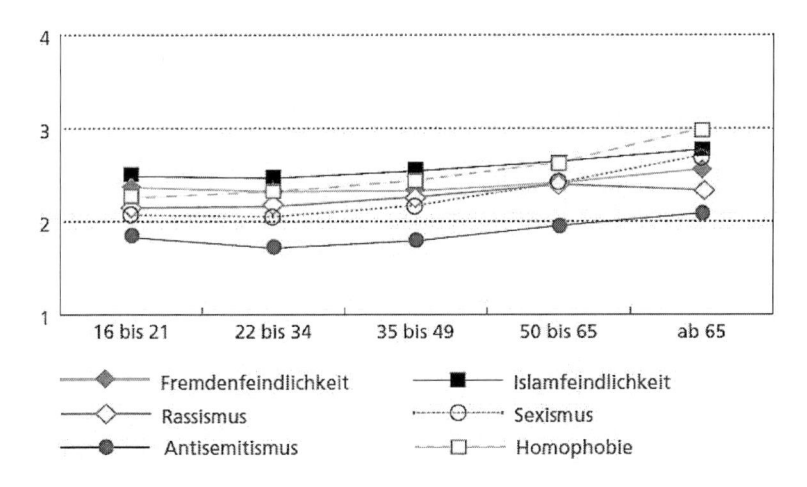

Abbildung 9: Formen Gruppenbezogener Menschenfeindlichkeit nach Altersgruppen in acht EU-Ländern
Mittelwerte, Skala von 1 bis 4 mit 4 = hoch menschenfeindliche Aussage, Länder: Großbritannien, Frankreich, Deutschland, Niederlande, Italien, Portugal, Polen, Ungarn (Zick et al. 2011: 49-53 u. 92)

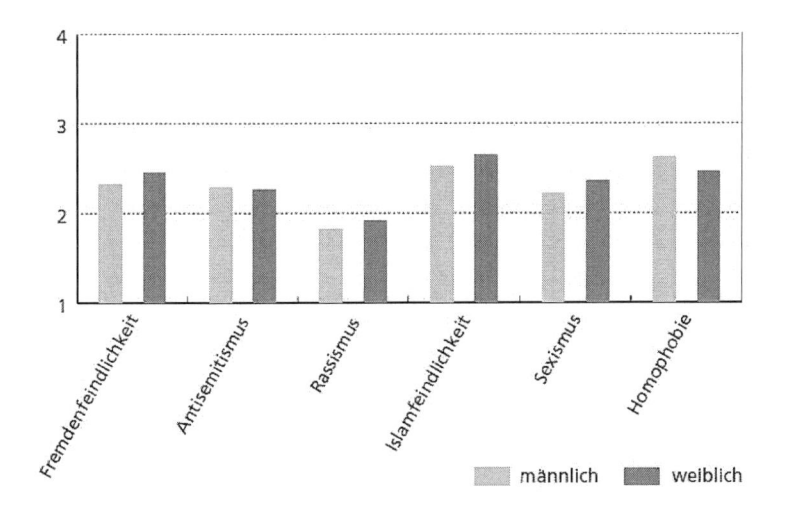

Abbildung 10: Formen Gruppenbezogener Menschenfeindlichkeit nach Geschlecht in acht EU-Ländern
Mittelwerte, Skala von 1 bis 4 mit 4 = hoch menschenfeindliche Aussage, Länder: Großbritannien, Frankreich, Deutschland, Niederlande, Italien, Portugal, Polen, Ungarn (Zick et al. 2011: 49-53 u. 99)

Das Eurobarometer (2015) bestätigt die Befunde von Zick et al. (2011): So liegt auch hier bspw. der Anteil älterer Menschen, die nichts dagegen hätten, mit einer Muslimin oder einem Muslim zusammenzuarbeiten, mit 66 % etwas niedriger als der allgemeine Durchschnitt (71 %). Ältere Menschen sind auch skeptischer, was die Heirat ihres Sohnes oder ihrer Tochter mit einer Muslimin oder einem Muslim angeht: Lediglich 43 % der über 55-Jährigen würden einer solchen Heirat zustimmen, hingegen 60 % der 15- bis 24-Jährigen. Unterschiede zeigt das Eurobarometer, wie auch die Befragung von Zick et al., hinsichtlich des Einkommens (siehe Abbildung 11). Das Eurobarometer (2015) zeigt zudem, dass 57 % der Befragen mit einem höheren Abschluss sowie 63 % der Studierenden nichts gegen eine Heirat einzuwenden hätten. Hingegen würden nur 41 % der Befragten mit einem niedrigeren Abschluss eine solche Ehe befürworten (Europäische Kommission 2015).

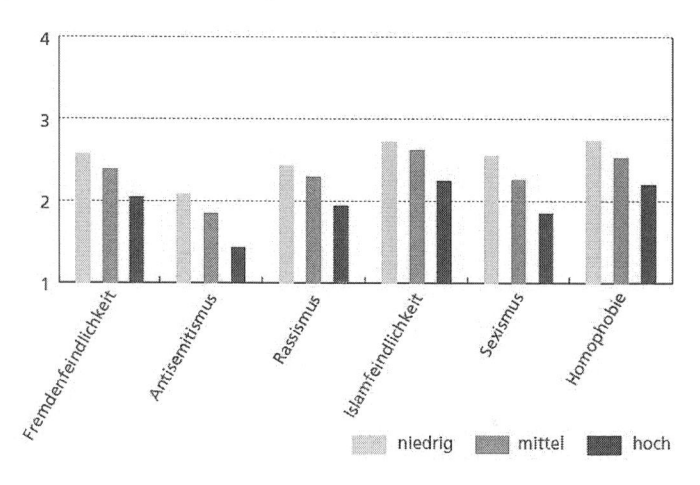

Abbildung 11: Formen Gruppenbezogener Menschenfeindlichkeit nach Einkommen in acht EU-Ländern
Mittelwerte, Skala von 1 bis 4 mit 4 = hoch menschenfeindliche Aussage, Länder: Großbritannien, Frankreich, Deutschland, Niederlande, Italien, Portugal, Polen, Ungarn (Zick et al. 2011: 49-53 u. 102)

Abschließend sei die „Theorie des Gruppenkontaktes" erwähnt. Sie untersucht ebenfalls die Bedeutung von Stereotypen und zeigt auf, dass positiv bewertete Kontakte zu verschiedenen ethnischen und religiösen Gruppen Vorurteile abbauen können, wie Savelkoul am Beispiel der Niederlande nachweist (Savelkoul et al. 2011: 741-758). Auch die Untersuchungen von Kaya (2015) und das bereits zitierte Eurobarometer (2015) bestätigten, dass der Kontakt zu Musliminnen und Muslimen die Neigung zu Muslimfeindlichkeit erheblich senkt: 56 % der Personen, die jemanden kennen, der eine andere Religion als die eigene hat, hätten nichts gegen eine Heirat einzuwenden, hingegen nur 34 % derjenigen, die niemanden mit einer anderen Religion kennen.

Individuelle Einstellungen sind sicherlich ein gutes Erklärungsmuster für Muslimfeindlichkeit. Jedoch sollten auch sie immer vor dem Hintergrund der aktuellen gesellschaftspolitischen Debatten betrachtet werden. Denn auch politische und mediale Diskurse haben Einfluss auf Art und Ausprägung von Muslimfeindlichkeit. Die britische Politikerin Baroness Warsi merkt also ganz zurecht an:

> „Islamophobia has passed the dinner-table test. (...) For far too many people Islamophobia is seen as a legitimate – even commendable – thing" (Warsi, zit. in Strabac et al. 2014: 100).

3.2. Parteipolitische Diskurse

Muslimfeindlichkeit ist in den letzten Jahren auch im politischen Tagesgeschäft zunehmend salonfähig geworden, was nicht zuletzt der Bedeutungsgewinn rechtspopulistischer Parteien und Bewegungen in Europa bestätigt. Es handelt sich dabei um politische Parteien, die sowohl auf nationaler als auch auf europäischer Ebene in den Parlamenten vertreten sind, sowie um außerparlamentarisch organisierte, international vernetzte Bewegungen wie bspw. die English Defence League (EDL), der französische Bloc Identitaire oder die italienische Organisation CasaPound (Barlett et al. 2011). Muslimfeindlichkeit ist für sie, so Hafez, zu einem „useful tool" (Hafez 2014: 479) geworden, das – u. a. durch die Abkehr von antisemitischen Inhalten (Hödl 2010) – zur Erneuerung rechtsextremer Parteien (Göle 2011) sowie zur bereits zitierten Europäisierung der muslimfeindlichen Diskurse beitrug (Helbling 2012).

Untersuchungen zeigen, dass die Prägung des Feindbildes Islam bereits in den 1990er-Jahren begann und seither die politischen Diskurse vieler Länder mitbestimmt. Die niederländische Volkspartij voor Vrijheid en Democratie (VVD) bezeichnete z. B. bereits 1991 den Islam als Bedrohung für die westliche Demokratie. Ebenso wie die Freiheitliche Partei Österreichs (FPÖ), die dänische Dansk Folkspartei (DFP), die schwedische Sverigedemokraterna (SD) oder die britische British National Party (BNP), die „den" Islam bereits vor vielen Jahren auf ihre Agenda setzten (Ansari & Hafez 2012). Die FPÖ positioniert sich seit Langem als Verfechterin des „austro-nationalistischen Diskurses" (ebd.: 48f.) und greift dafür auf Motive der österreichischen Geschichte zurück. Schon zu Beginn der 2000er-Jahre bediente man sich nationaler Erinnerungsorte wie den „Türken vor Wien" oder der „Schlacht am Amselfeld" und warb mit dezidiert muslimfeindlichen Slogans wie „Wien darf nicht Istanbul werden" (Wahlen zum Europäischen Parlament 2004), „Pummerin statt Muezzin" (Wiener Kommunalwahlen 2005), „Daham statt Islam" (Parlamentswahlen 2006), „Kein Daham dem Radikal-Islam" (Grazer Kommunalwahlen 2008) (Ansari & Hafez 2012: 52). Auch in Belgien sind rechtspopulistische Diskurse keine Neuheit. Leman (2012) untersucht die Erfolgsgeschichte des belgischen Vlaams Blok (VB) und seiner Nachfolgeorganisation Vlams Belang (VB) und zeigt, wie die Partei sich schon vor Jahren von einer nationalistischen Partei mit bestenfalls folkloristischen Bezügen zur Islamophobie (1979 bis 1989) über die Suche nach einer Legitimation von Musliminnen und Muslimen (1989 bis 1996) zu einer offen islamophob agierenden Partei (1996 bis 2004) entwickelte.

Mariani (2014) untersucht die politische Instrumentalisierung von Muslimfeindlichkeit durch die italienische Lega Nord (LN), die sich ebenfalls bereits in den 1990er-Jahren der Mobilisierung gegen den Bau von Moscheen verschrieb und es 2007 letztlich auch schaffte, eine landesweite Kampagne gegen den Bau einer Moschee in Bologna zu organisieren. Auch die LN rekurriert auf die üblichen Argumente: Muslime und Islam werden dämonisiert und als gegensätzlich zur einheimischen Bevölkerung dargestellt, ein moderater Islam erscheint unmöglich. Nur die Stimme für die LN, so die Kernaussage, könne die Region vor dem fanatischen Islam retten (Testa & Amstrong 2012). In Griechenland prägt insbesondere die rechtsextreme Partei Chrysi Avgi (Goldene Morgendämmerung) den muslimfeindlichen Diskurs. Sie erlangte 2010 ihren ersten Sitz in einem Stadtrat. In den Parlamentswahlen im Januar 2015 kam sie auf 6,3 % und im September desselben Jahres auf 7,0 %. Auch sie hat sich besonders bei der Debatte um den Bau einer Moschee in Athen und während der sogenannten „Flüchtlingskrise" mit muslimfeindlichen Äußerungen hervorgetan (Sakellariou 2016).

Aber auch in Nordeuropa sind rechtspopulistische Meinungen seit Jahren auf dem Vormarsch. Die bereits zitierte SD, eine Partei mit Verbindung zur Neonaziszene (Larsson 2010), der 2010 der Einzug ins Parlament gelang, benutzt ebenfalls seit den 1990er-Jahren antimuslimische Rhetorik (Bevelander & Otterbeck 2012). Das Bild, das die SD von Musliminnen und Muslimen verbreitet, schwankt zwischen dem einer starken und bedrohlichen Community und dem einer schwachen, die maßgeblich auf die Unterstützung durch den schwedischen Wohlfahrtsstaat angewiesen ist. Musliminnen und Muslime werden von der SD als der Gegenentwurf zu Schwedinnen und Schweden konstruiert und als mit den Grundwerten der schwedischen Gesellschaft unvereinbar dargestellt (Mulinari & Neergaard 2012). Die Probleme des Landes werden monokausal unter Verweis auf die liberale Einwanderungspolitik erklärt (Larsson 2010).

Mulinari & Neergard (2012) weisen nach, dass der muslimfeindliche Diskurs der rechtspopulistischen SD ähnlich wie bei der BNP im Vereinigten Königreich einen Modernisierungsschub für diese Organisation darstellte. Bis zu diesem Zeitpunkt lag der Fokus eindeutig auf antisemitischen und weniger auf antiislamischen Inhalten. Diese Wende vollzogen auch der französische Front National (FN) unter Marine Le Pen (Valfort 2015) oder die ungarische Partei Jobbik, die seit 2013 „has increasingly adopted an Islamophobic stance" (Sereghy 2016: 232).

Ein weiteres Thema, das gerne vom rechtspopulistischen Lager instrumentalisiert wird, ist die angebliche Frauenfeindlichkeit des Islams sowie die Diskriminierung muslimischer Frauen, die vor allem von Feministinnen, Linken und Liberalen verharmlost werde (Akkerman 2015: 39). Die Vorsitzende der norwegischen Fortschrittspartei, Siv Jensen, erklärt sogar, dass „Islam's dehumanization of women is ‚our most important contemporary feminist struggle'" (Bjoernaas 2015: 85). Allerdings tut sie dies nicht, ohne dabei auf populistische Art und Weise aus Themen wie „genital mutilation, torture, spousal abuse, and forced marriage" (ebd.: 85) politisch Kapital zu schlagen. Aber nicht nur die norwegische Fortschrittspartei, auch der Front National (FN), der VB, die FPÖ, die Schweizerische Volkspartei (SVP), die DFP und die Partij voor de Vrijheid (PVV) werden, wenn es um den Islam geht, nicht selten zu Verfechtern feministischer Argumente (Akkermann 2015).

Muslimfeindlichkeit beschränkt sich allerdings nicht mehr nur auf rechtsextreme Organisationen. Grosfoguel spricht in diesem Zusammenhang von einem „epistemologischen Rassismus" (Grosfoguel 2012: 18ff.), der sich nicht nur in der vermeintlichen Überlegenheit westlichen Denkens ausdrückt, sondern v. a. die Diskussion seit 9/11 in einer muslimfeindlichen Sprache verfasst, die sowohl von den Medien als auch von westlichen Politikerinnen und Politikern geteilt wird. Ansari & Hafez (2012) weisen neben dem Einfluss islamophober Parteien, u. a. als Juniorpartner in Regierungskonstellationen, besonders auf die Unfähigkeit traditioneller Parteien hin, diesem Diskurs etwas entgegenzusetzen sowie auf den Versuch prominenter Politiker wie Blair, Berlusconi, Seehofer oder Sarkozy, den Einfluss des Diskurses durch Übernahme einiger seiner Argumente einzudämmen (Ansari & Hafez 2012: 24). Eine Taktik, so die Autoren, die den Diskurs erst in seiner Gänze für ein breites Publikum attraktiv machte.

Auch Taras (2012) verweist auf das alarmierende Mainstreaming xenophober Diskurse in den Parteien der politischen Mitte und warnt vor der Gefahr dieser Entwicklung für die politische Stabilität in Europa (Taras 2012: 101 f.). In Griechenland versäumten konservative Politikerinnen und Politiker wie etwa der Nea Dimocratia oder der ANEL es nicht, darauf hinzuweisen, dass Musliminnen und Muslime sich nicht an die griechische Gesellschaft anpassen könnten (Sakellariou 2016). Gleiches gilt für den Norden Europas, wo die Rethorik der SD zumindest teilweise von der Liberalen Partei übernommen wurde (Mulinari & Neergaard 2012). Aber nicht nur Parteipolitiker, sondern auch europäische Staatsmänner wie der tschechische Präsident Zeman äußern inzwischen offen ihre muslimfeindliche Haltung (Dizdarevîc 2016). So ist Zeman bspw. der Meinung, der Westen und Israel seien die letzten Bollwerke gegen den Islam und die von der Muslimbruderschaft gesteuerte Zuwanderung von Geflüchteten, die verhindern könnten, dass Musliminnen und Muslime die Kontrolle über Europa erlangten (Bayrakli & Hafez 2016b).

Muslimfeindlichkeit hat sich zu einer „politischen Ökonomie des Hasses" gewandelt, so Bevelander & Otterbeck (2012: 73), und rechtsextreme Diskurse sind in Programme und staatliche Politiken in einigen europäischen Ländern eingeflossen (Fetzer & Soper 2012). Loutai (2015) beschreibt diesen Prozess des Mainstreamings antiislamischer Diskurse am Beispiel Frankreichs und zeigt auf, wie sich der französische Diskurs seit den 1970/80er-Jahren thematisch weiterentwickelte: Angefangen von der Debatte um die öffentliche Präsenz maghrebinischer Einwandererinnen und Einwanderer, über die Affäre Rushdie (1988/89), hin zur Debatte um das Kopftuch an öffentlichen Schulen (1989 bis 2004) und die Vollverschleierung im öffentlichen Raum.

Moosavi (2013) analysiert diese Entwicklung vor dem Hintergrund der Reden von Ministerinnen und Ministern der Labour-Kabinette im Vereinigten Königreich und kommt zu dem Schluss, dass v. a. der „War on Terror" seit 2001 zu einem diskursiven Umschwung führte, wobei die von ihm zitierten Argumente sich problemlos auf die parteipolitischen Diskurse anderer europäischer Länder übertragen lassen:

> „The ministers often spoke about Muslims, rather than to them, reflecting a tendency to treat Muslims as outsiders rather than as respectable citizens. Muslims were often portrayed as trouble-makers who required special attention because of their inadequacies. Although the ministers often spoke about Al Qaeda and extremists as the problem-makers, the generalised discussion of Muslims often implicated the broader Muslim community as just as dangerous as the very small extreme minority. [...] Muslims were often treated monolithically, [...] the ministers took it upon themselves to dictate to Muslims which Islam beliefs they should believe in, [...] Islam was presented as opposed to Britishness, [...] Muslims were insinuated to be alien, [...] Muslims were perceived as a threat to British values and British security (especially young Muslim men), and [...] Muslims were implied to be sexist. Overall, the ministers painted a picture of a multiculturalism which has failed by and large because of Muslims choosing to live separate lives. Their proposed solution was for Muslims to ‚integrate' which appeared to mean ‚assimilate' as no discussion was made of how to accomodate Muslims, but much was made of the need for Muslims to make drastic changes" (Moosavi 2013: 358 f.).

Aber nicht nur der (partei)politische Diskurs ist in ganz Europa explizit von muslimfeindlicher Rhetorik geprägt. Auch die gesellschaftlichen Diskurse stehen dem in nichts nach, wie u. a. Lentin und Titley (2014) in ihren Ausführungen zeigen.

3.3. Gesellschaftspolitische Diskurse

Bezeichnend für die gesellschaftspolitische Debatte ist besonders die seit Jahren andauernde Diskussion über die Abgrenzung von Islamophobie und Islamkritik. Verschiedene Autorinnen und Autoren verteidigten z. B. in der britischen und französischen Presse das Recht, den Islam kritisieren zu dürfen, und nahmen dabei explizit in Kauf, islamophob genannt zu werden. So etwa Polly Toynbee, die bereits 1997 in ihrem Artikel „In defence of Islamophobia: religion and the state" schrieb: „I am an Islamophobe. I judge Islam not by its words (...). I judge Islam by the religion's deeds in the societies where it dominates" und die Frage aufwarf, ob diese Einstellung sie zu einer Rassistin mache (Toynbee 1997).

Malik (2005) argumentiert in seinem Artikel „But does Islamophobia exist?" ähnlich und führt an, dass es durchaus problematisch sei, wenn islamkritische Argumente (auch innerhalb der muslimischen Community) nicht als berechtige Kritik angehört, sondern als Islamophobie abgetan würden. Auch Fourest & Venner setzen sich für einen differenzierteren Umgang mit den Begrifflichkeiten Islamophobie, Rassismus und Religion ein (Fourest & Venner 2003). Gleiches gilt für die Unterzeichnerinnen und Unterzeichner des sogenannten „Manifest der Zwölf"[3] aus dem Jahr 2006. Auch sie wehren sich dagegen, aus Angst davor, als islamophob zu gelten, auf den Gebrauch ihres kritischen Verstandes zu verzichten und verteidigen entsprechend das Recht, den Islam uneingeschränkt kritisieren zu dürfen ohne dabei per se islamophob zu sein (Hirsi Ali et al. 2006).

Die Abgrenzung zwischen Muslimfeindlichkeit und dem Recht auf freie Meinungsäußerung, inklusive dem Recht auf Kritik am Islam oder auf Satire, ist bisweilen schwierig. Bleich (2012) und Bloul (2008) zeichnen die unterschiedlichen Positionen und die Debatte um Islamophobie und Islamkritik beispielhaft am Fall der Mohammed-Karikaturen nach, die die dänische konservative Tageszeitung Jyllands-Posten am 30.09.2005 veröffentlichte.

Cousin und Vitale (2012) untersuchen die Rolle italienischer Intellektueller bei der Verbreitung sogenannter „moral panic" in Italien. Die Autoren identifizieren verschiedene Gruppen von Intellektuellen: Freie Autorinnen und Autoren wie Oriana Fallaci und Magdi Allam; Berlusconi und seiner Partei Forza Italia nahestehende Intellektuelle wie Marcello Pera oder Gaetano Quagliariello; katholische Denker, die katholische Bewegung Comunione e Liberazione sowie Expertinnen und Experten, die dem säkularen Lager nahestehen. Trotz oder gerade wegen ihrer unterschiedlichen Herkunft und Argumentationsstränge wurde ihre Kritik am Islam, aber auch ihr Befund des Scheiterns der

---

[3] Unterzeichet von Ayaan Hirsi Ali, Chahla Chafiq-Beski, Caroline Fourest, Bernard-Henri Lévy, Irshad Manji, Maryam Namazie, Mehdi Mozaffari, Taslima Nasreen, Salman Rushdie, Antoine Sfeir, Philippe Val und Ibn Warraq.

multikulturellen Gesellschaft überparteilich positiv aufgenommen (Cousin & Vitale 2012: 61).

Interessant ist, dass die gesellschaftliche Debatte um Muslimfeindlichkeit auch von der Debatte um die Bedeutung der eigenen (Religions-)Geschichte bestimmt wird. Denn religiöse Identität, so Grosfoguel (2012), war schon immer einer der Hauptmarker des Andersseins innerhalb des „Westernized Christian-Centric, Capitalist/Patriarchal, Modern/Colonial World-System" (Grosfoguel 2012: 11). Neben der Religionszugehörigkeit spielt heute in vielen europäischen Debatten auch die über Jahre hinweg etablierte Verbindung von Religion und Ethnie eine wichtige Rolle. Islamophobie kann ganz unterschiedliche rassistische Ausprägungen haben, je nachdem, welche muslimische Community, aufgrund der nationalen Einwanderungs- und/oder Kolonialgeschichte, als wichtigste Community in einem Land wahrgenommen wird: Entsprechend nimmt sie in Europa bspw. antipakistanische, -arabische, -asiatische, -nordafrikanische, -türkische usw. Ausprägungen an (ebd.: 14).

Nicht selten, so Grosfoguel (2012), wurde mit einer derartigen Assoziationskette die Grundlage für das Ineinandergreifen einer christlich zentrierten Hierarchisierung von Religion und einer eurozentrischen Hierarchisierung von Ethnie gelegt, was nicht zuletzt dazu geführt hat, dass „the target of Islamophobic discourses are the traditional colonial subjects of the Western Empires, that is, the ‚usual suspects'" (Grosfoguel 2012: 13 f.). Auch Peter (2014) geht davon aus, dass die Wahrnehmung von Musliminnen und Muslimen in der westlichen Welt maßgeblich mit den jeweiligen gesellschaftlichen Veränderungen zusammenhängt – „the ever incomplete homogenisation of the nation, the increasing usage of a civilisational discourse about ‚Islam and Europe', and the memory work of European societies" (Peter 2014: 311).

Henkel (2014) zeichnet am Beispiel Dänemarks verschiedene diskursive Elemente auf, die die Wahrnehmung der muslimischen Bevölkerung prägten und auf spezifische Elemente der dänischen Geschichte und des dänischen Selbstverständnisses zurückgreifen. Für Henkel konstruiert sich dänische Identität nicht länger in Abgrenzung zu anderen nationalen Identitäten (z. B. der schwedischen oder deutschen). Vielmehr habe die „juxtaposition of Danishness to fundamentalist Islam (...) enabled Danes to imagine Danishness as covering with other national identities on a shared European (or Western) identity" (Henkel 2014: 335).

Im Falle der Niederlande stellt Bracke (2014) die Debatte um Muslimfeindlichkeit in den Kontext der Neudefinition der niederländischen Identität, die den Islam als der Gesellschaft fremd ansieht. Persönlichkeiten des öffentlichen Lebens wie Pim Fortuyn, Ayaan Hirsi Ali, Theo van Gogh und Geert Wilders entwickelten und legitimierten diesen Ansatz, der einen klaren Bruch mit dem bis dato gängigen Verständnis der niederländischen Identität darstellt: „In discussions about identity, culture and civilisation, and in the public debate in general, notions of a Dutch self are established in relation to a cultural and civilisational ‚Other', which is Islam" (Bracke 2014: 366).

Dieses „othering" ist bis heute in vielen europäischen Gesellschaften tief verwurzelt, wie bspw. Untersuchungen von Schulbüchern aus verschiedenen Ländern Europas (u. a. Österreich, Frankreich und Spanien) zeigen. Erschreckend sei besonders die Darstellung des Islam als Religion der Unterwerfung sowie der Vorwurf der religiösen Fremdbestimmtheit einer homogenen Gruppe von Musliminnen und Muslimen (Georg-Eckert-Institut 2011: 9).

Eines der zentralen Elemente von Muslimfeindlichkeit ist bis heute also auch in der gesellschaftlichen Debatte die, so Kröhnert-Othman (2016: 23f.) „kaleidoskopische Sichtweise" auf den Islam. Darunter versteht er die bewusste Unterschlagung oder schlichte Unkenntnis der Differenzen im Islam. Eine realistische und adäquate Sichtweise würde anerkennen, dass der Islam eine Religion ist, deren Beziehungen zu Gesellschaft, Politik, Geschlechterrollen usw. sich in einem ständigen Aushandlungsprozess befindet, der alles andere als abgeschlossen ist.

Den skizzierten Sichtweisen auf die unterschiedlichen gesellschaftspolitischen Debatten wird nicht selten durch die undifferenzierte mediale Darstellung des Islam Vorschub geleistet.

3.4. Mediale Diskurse

Wie schon für die partei- und gesellschaftspolitische Dimension der Debatte angemerkt, ist Muslimfeindlichkeit auch in der medialen Debatte keineswegs neu.

So kommen Ahmed & Matthes (2017) zu dem Schluss, dass die negative Berichterstattung über Musliminnen und Muslime in den westlichen Medien bereits mit der iranischen Revolution im Jahr 1979 beginnt – wenngleich Musliminnen und Muslime erst seit 9/11 systematisch mit Terrorismus in Verbindung gebracht oder terroristische Anschläge zum Auslöser für die Berichterstattung über ihre Religion werden. Seit Langem besteht ebenfalls das Problem einer unsachlichen Meinungsbildung durch tatsächliche aber auch selbsternannte talkshowtaugliche Islamexpertinnen und -experten, auf das Said bereits zu Beginn der 1980er-Jahre hingewiesen hat (Said 1981: xi-xvi).

Neben der, wie auch immer gearteten, Expertenmeinung hat auch die Auswahl des verwendeten Bildmaterials entscheidenden Einfluss auf die Wahrnehmung von Musliminnen und Muslimen (Ciftci 2012). Problematisch ist besonders die gesamteuropäische Dimension negativer sowie stereotyper Medienberichterstattung über Musliminnen und Muslime – sei es durch Bilder oder Textmaterial. Siehe hierzu beispielhaft Strabac und Valenta (2012) sowie Doving (2015) für Norwegen; Jacobsen et al. (2012) für Dänemark; Lindemann und Stolz (2014) für die Schweiz; Bevelander und Otterbeck (2012) für Schweden; Esteves (2012) für Frankreich; Meer und Modood (2012) oder Frost (2008) für Großbritannien.

Besonders Musliminnen sind von der Undifferenziertheit der westlichen Massenmedienberichterstattung betroffen. Ausgewogene Darstellungen ihrer Lebensrealitäten sind selten. Entweder werden sie in eine passive Opferrolle gedrängt, oder sollen das Klischee der befreiten, westlich gekleideten, wirtschaftlich erfolgreichen muslimischen Frau bedienen (Navarro 2010: 110).

Die Berichte über Muslimfeindlichkeit in den unterschiedlichen Ländern Europas zeigten aber auch, dass inzwischen nicht nur die traditionellen Medien, sondern verstärkt auch die sozialen Medien und andere Internetangebote eine entscheidende Rolle bei der Normalisierung und Verbreitung von Muslimfeindlichkeit spielen (Awan 2016: 2). Die Rolle des Internets ist nicht zu unterschätzen, v. a. da es sich um einen rein virtuellen Raum handelt, der sich der Regulierung und Sanktionierung zumindest teilweise entzieht und nicht zuletzt daher massiv genutzt wird, um muslimfeindliche Inhalte zu verbreiten (Awan 2016). Besonders virulent wird die Nutzung von Social-Media-Kanälen, wenn es um ein konkretes Anliegen geht, wie etwa den Widerstand gegen den Bau einer Moschee oder um die Vernetzung nationaler sowie international agierender Gruppen (Allen 2014).

Abschließend sei auf einen weiteren entscheidenden Faktor in der (medialen) Debatte um die Wahrnehmung von Musliminnen und Muslimen in Europa hingewiesen – die Bedeutung von terroristischen Anschlägen. Awan & Zempi (2015) sprechen in diesem Zusammenhang von sogenannten „trigger events", über die in den Medien nicht selten undifferenziert berichtet wird und die, so die Autoren, „tensions and sentiments against the suspected perpetrators and groups associated with them" (Awan & Zempi 2015b: 9) zu Tage treten lassen. Das bisher wohl einschneidenste „trigger event" ist nach wie vor der 11. September 2001, der nicht zuletzt zu einer Veränderung des gesamten Diskurses um die gesellschaftliche Integration von Musliminnen und Muslimen beigetragen hat (Orakzai 2016: 540).

Hinzu kommt, dass einseitige und undifferenzierte Medienberichterstattung bestimmten, in einer Gesellschaft latent vorherrschenden Gefühlen zu überproportionaler Bedeutung verhelfen und so eine entsprechende politische Reaktion legitimieren kann. So z. B. der sicherheitspolitische Fokus auf das Thema, der weitreichende Konsequenzen für die politische Debatte, die medialen Diskurse und die Meinung der Bevölkerung hat (Hussain & Bagguley 2012: 716f.). Dennoch darf die Medienarbeit nicht unerwähnt bleiben, die auch das „andere Gesicht des Islam" (Vanparys et al. 2013: 225) zeigt und bestrebt ist, einen zukunftsorientierten Gegendiskurs zu etablieren.

In welche Richtung sich die einzelnen politisch, gesellschaftlich und medial geführten Debatten auch entwickeln werden, Fakt ist, besonders betroffen von Muslimfeindlichkeit sind laut Studien v. a. Personen, die äußerlich als Musliminnen und Muslime identifizierbar sind (King & Ahmad 2010: 886). Die Kategorisierung als Muslimin oder Muslim geht wiederum einher mit den zuvor skizzierten (partei)politischen, gesellschaftlichen und medialen Entwicklungen der letzten Jahrzehnte: Wurden Musliminnen und Muslime in den 1960er-Jahren noch hauptsächlich durch ihren Status (Gastarbeiterinnen und Gastarbeiter, Aussiedlerinnen und Aussiedler, Flüchtlinge usw.) definiert, war die Wahrnehmung in den 1970er- und 1980er-Jahren hauptsächlich ethnisch geprägt. Erst ab den 1990er-Jahren wird Religion zum gesellschaftlichen Hauptmarker für Musliminnen und Muslime (Helbling 2012: 4).

Zusammenfassend lässt sich festhalten, dass die gesellschaftlichen Veränderungen der letzten Jahrzehnte zu einer neuen Sichtbarkeit und aufbauend darauf zu einer veränderten Wahrnehmung von Musliminnen und Muslimen im öffentlichen Raum führten:

> „This new visibility marks the end of a stage in the migratory phenomenon and in the integration lived experience and modes of appropriation of public space in Europe. Muslims manifest their presence by means of their religion; hence they break away from public indifference in relation to them, and appropriate spaces in which they are not welcomed. Veiling in the public schools and Muslim candidates in the parliament, mosques near the churches and the cathedrals, praying in the streets, all are examples that make ‚indifference' impossible for Europeans who find themselves in a passionate debate over the presence of Islamic signs in public life. However, these confrontational controversies around Islam reveal the tumultuous transition and recognition from the status of an invisible migrant to that of a visible Muslim citizenship" (Göle 2011: 388).

Der Wandel hin zu einer öffentlichen Sichtbarkeit muslimischer Religiosität im öffentlichen Raum wird – wie dargelegt – kontrovers debattiert und führt nicht selten zu harschen, gesellschaftspolitischen Debatten, die nicht zuletzt den Alltag der in Europa lebenden Musliminnen und Muslime (negativ) bestimmen.

4. Muslimfeindlichkeit im europäischen Alltag

Abschließend sollen nun zwei Beispiele dargestellt werden, die verdeutlichen, wie Muslimfeindlichkeit sich im Alltag von Musliminnen und Muslimen in Europa heute äußern kann. In besonderem Maße von Muslimfeindlichkeit betroffen sind Musliminnen und Muslime, die als religiöse Musliminnen und Muslime erkennbar sind. Aber auch die muslimische Community als Ganze ist z. B. durch die Art der Debatte um den Bau von Moscheen mit Muslimfeindlichkeit konfrontiert.

4.1. Religiöses Erscheinungsbild

Ganz allgemein kann festgehalten werden, dass Musliminnen und Muslime, die sich durch ihr Erscheinungsbild als religiös zu erkennen geben, im Alltag, z. B. bei der Arbeitsplatz- oder Wohnungsuche, mit größeren Herausforderungen konfrontiert sind, als vermeintlich säkulare Musliminnen und Muslime. Adida et al. (2011) kommen in ihrer Untersuchung zu dem Schluss, dass Arbeitgeberinnen und Arbeitgeber die Diskriminierung von Musliminnen und Muslimen vor allem mit der Ablehnung ihrer Mitarbeiterinnen und Mitarbeiter oder ihrer Kunden begründen, was nicht zuletzt vor dem Hintergrund des wachsenden muslimischen Bevölkerungsanteils in Europa vermutlich zu tiefen sozialen Spannungen führen wird (Adida et al. 2011: 25f.). Auch King und Ahmad (2010) kommen zu einem ähnlichen, wenngleich etwas differenzierteren Ergebnis. Ein religiöses Erscheinungsbild habe für ein Bewerbungsverfahren, so King und Ahmad, per se noch keine negativen Auswirkungen, führe aber vielfach zu kürzeren und unpersönlicheren Gesprächen, die letztlich auch nichts anderes als einen „lack of acceptance of this religious identity" (King & Ahmad 2010: 881) verdeutlichten.

Die hier skizzierte Tendenz wird auch von Valforts (2015) Untersuchung des französischen Arbeitsmarktes bestätigt. Ihre Auswertung von 6.231 fiktiven Bewerbungen von Anhängerinnen und Anhängern des christlichen, jüdischen und muslimischen Glaubens zeigt, dass Religion in Frankreich ein wichtiger Faktor für Diskriminierungen ist. Männliche Muslime leiden, laut Valfort, am stärksten unter religiöser Diskrimierung auf dem Arbeitsmarkt; sie mussten im Vergleich zu ihren katholischen Mitbewerbern viermal soviele Bewerbungen verschicken, um eine Einladung zu einem Vorstellungsgespräch zu erhalten (Valfort 2015: 95). Die Diskriminierung von Musliminnen und Muslimen im Bewerbungsverfahren könne allerdings neutralisiert werden, so auch Valfort, wenn die Bewerberinnen und Bewerber sich eindeutig als nicht-religiös zu erkennen geben (ebd.).

Es gibt aber ebenfalls Autorinnen und Autoren, die davon ausgehen, dass die Diskriminierung am Arbeitsmarkt alleine durch die Glaubenszugehörigkeit von Musliminnen und Muslimen nicht erschöpfend erklärt werden kann (Koopmans 2016; Kalter 2006; Heath & Martin 2013). Vielmehr seien soziokulturelle Aspekte wie mangelnde Sprachkenntnisse, unzureichendes soziales Kapital und Gender-Aspekte ursächlich zu nennen. Mit dieser These setzt Koppmans (2016) den Ansatz Kalters fort, der bereits im Jahr 2006 darauf hinwies, dass die spezifischen Nachteile „weniger eine Frage von diskriminierendem Verhalten auf der Arbeitgeberseite zu sein scheinen, als vielmehr mit dem Mangel an zentralen aufnahmelandspezifischen Kapitalien [wie Such-, Informations- und Investitionsstrategien] zu tun haben" (Kalter 2006: 157).

Die Studie des European Network Against Racism (ENAR) bestätigt die bereits skizzierten Trends auf dem Arbeitsmarkt. Es fokussiert sich in seiner breit angelegten Studie aber zusätzlich noch auf die besonderen Herausforderungen, denen sich Musliminnen in Belgien, Dänemark, Frankreich, Deutschland, den Niederlanden, Schweden und dem Vereinigten Königreich gegenüber sehen (ENAR 2016a, 2016b, 2016c, 2016d, 2016e, 2016f, 2016g). In allen untersuchten Ländern sind Musliminnen häufiger Opfer von Bedrohungen, Hate Speech und Gewalttaten. So richteten sich 63,6 % der muslimfeindlichen Straftaten und Beleidigungen, die in Belgien von 2012 bis 2015 registriert wurden, gegen Frauen (ENAR 2016g). In den Niederlanden waren es im ersten Halbjahr 2015 sogar 90 % (ENAR 2016e). In Frankreich lag die Rate 2015 bei 74 % (CCIF 2016: 24).

Sowohl die Ergebnisse repräsentativer Umfragen in den jeweiligen Ländern wie auch die nationalen politischen Diskurse bestätigen also den Eindruck vieler Menschen, Musliminnen und Muslime seien eine homogene, in sich geschlossene Gruppe, die eine Gefahr für die Aufnahmegesellschaft darstelle und deren Werte und Verhaltensweisen mit denen der westlichen Gesellschaften nicht kompatibel seien. So sind 30 % der Befragten im Vereinigten Königreich der Auffassung, der Hijab stelle eine gesellschaftliche Bedrohung dar und immerhin 36 % der Befragten gehen fälschlicherweise (siehe Kapitel 2.3) davon aus, Musliminnen und Muslime seien dem Vereinigten Königreich gegenüber nicht loyal (ENAR 2016f). Aber nicht nur in der Bevölkerung, sondern auch von offizieller Seite herrscht diese Auffassung vor, wie eine Aussage des ehemaligen französischen Premierministers Manuel Valls aus dem Jahr 2013 verdeutlicht:

> „The headscarf, which prevents women from being who they are, remains for me, and must remain for the Republic an essential fight" (Manuel Valls 2013, zit. in ENAR 2016a: 15).

Zwar gibt es in allen Ländern in sich konsistente Antidiskriminierungsgesetzgebungen, die jedoch nicht konsequent durchgesetzt werden (ENAR 2016b, 2016c, 2016g). Frankreich, Belgien, Deutschland und Dänemark haben bspw. nationale Gesetze, die das Tragen religiöser Symbole in unterschiedlichen Bereichen ganz oder teilweise verbieten und bei Zuwiderhandlung Sanktionen vorsehen. Die Agentur der Europäischen Union für Grundrechte (FRA) kritisierte diese Gesetzgebung vor allem aus dem Blickwinkel der De-facto-Diskriminierung muslimischer Frauen stark, wobei auch sie zudem auf die Multidimensionalität der Ursachen (Religion, ethnische Herkunft sowie die Kombination aus beiden Faktoren) und auf die Akzeptanz der Diskriminierung muslimischer Frauen hinweist (FRA 2011: 75).

Aktuelle Untersuchungen bestätigen diese Gefahr und zeigen darüber hinaus auf, wie vermeintlich „unterdrückte muslimische Frauen", durch einschlägige Kommentare in den sozialen Medien zur „personification of the ‚Islamic problem'" werden (Awan & Zempi 2015a: 10). Die Stimmen der von Diskriminierung betroffenen Frauen scheinen in der Öffentlichkeit nur Wenige zu hören, ebenso wie die aus der Wissenschaft vorgebrachte Kritik am bisweilen paternalistischen gesellschaftspolitischen Diskurs, der so weiter geführt Gefahr laufe, alle feministischen Errungenschaften durch die Marginalisierung muslimischer Frauen zunichte zu machen (Hunter-Hein 2012). Auch die Warnung vor den Konsequenzen, die Diskriminierungen für die Grundwerte einer Gesellschaft mit sich bringen können, stößt auf wenig Resonanz:

> „Once we have accepted the principle that it is legitimate to prohibit non offensive behaviour simply because the majority disapproves it, the entire edifice of freedom is threatened. Indeed, accepting such a principle would be equivalent to saying that it is legitimate to prohibit any behaviour that the majority finds unpleasant" (Dumouchel 2010: 5).

Dass die Vermutung von Dumouchel sich bewahrheiten kann, zeigt ein Blick auf die in Europa geführten gesellschaftspolitischen Debatten um den Bau von Moscheen, die nicht zuletzt dahingehend muslimfeindlich sind, als dass sie einer spezifischen religiösen Gemeinschaft ein Recht absprechen (möchten), das Angehörigen anderer Glaubensgemeinschaften problemlos zuerkannt wird.

4.2. Ablehnung von Moscheebauten

Debatten um den Bau von Moscheen wurden und werden in ganz Europa geführt. Siehe hierzu beispielhaft Ansari und Hafez (2012) für Deutschland, die Schweiz und das Vereinigte Königreich; Hafez (2012) für Österreich; Landmann und Wessels (2005) für die Niederlande; Maussen (2004) für Italien; Zapata-Barrero und Diéz-Nicilás (2012) für Spanien; oder Gale (2005) speziell für Birmingham, Triandafyllidou und Gropas (2009) für Athen, Allan (2014a) für Dudley und Narkowicz und Pedziwiatr (2017) für Warschau.

Zwar ist unter den genannten Ländern die Schweiz bisher das einzige Land, das seit 2009 den Bau von Minaretten verbietet, nichtsdestoweniger ähneln sich die Argumente gegen Moscheebauvorhaben in vielen Ländern und Städten. Es waren nämlich auch in der Schweiz Ängste vor der steigenden Zahl im Land lebender Musliminnen und Muslime, vor der Sichtbarkeit des Islam sowie eine bereits lange andauernde, heftige Auseinandersetzung um Migrations- und Integrationspolitik, die lokale Streite um den Bau von Moscheen zu einem nationalen Thema werden ließen (Pratt 2015; Fetzer & Soper 2012). Nicht selten stehen dabei Stellvertreterthemen wie die Rechte der Frau, die Finanzierung – sei sie ausländisch oder öffentlich – der Bauvorhaben sowie die Angst vor radikalen Imamen im Vordergrund. Analysen zeigen deutlich, dass die hier genannten Argumente bzw. Ängste erst in den 1990er-Jahren allmählich und mit 9/11 erheblich an Bedeutung gewannen und die in den 1970er- und 80er-Jahren vorherrschende Laissez-faire-Haltung des Staates (Maussen 2004) gegenüber muslimischen Vereinen ablösten. Parallel hierzu rückte in den 1990er-Jahren auch der ästhetische und architektonische Wert von Moscheen in den Vordergrund der Debatten (Gale 2005).

Göle (2011) interpretiert die Debatte über den Bau von Minaretten und Moscheen als Auseinandersetzung, die im Zusammenhang mit dem Übergang der Musliminnen und Muslime von einer unsichtbaren Minderheit von migrantischen Arbeitnehmerinnen und Arbeitnehmern hin zu muslimischen Staatsbürgerinnen und Staatsbürgern einhergeht. Diese fordern ihre Rechte ein, am öffentlichen Raum teilzunehmen und werden somit sichtbar: „This visibility attests the presence of Muslims in European societies, their desire to stay there, their claim to the freedom of conscience, and their right to worship and dress according to their personal interpretation of their religion" (Göle 2011: 388).

Nicht selten lässt sich ein „imagined Islamic take-over threat" (Pratt 2015: 214) oder die Angst vor der „Einführung der Scharia" beobachten, ebenso sowie die Angst vor einer „re-territorialization of space and the presence of difference, both visual and non-visual" (Allen 2014: 9) im öffentlichen Raum. Grillo und Shah (2012) unterstreichen vor diesem Hintergrund die Notwendigkeit einer wechselseitigen Auseinandersetzung mit muslimischen Lebenswelten in Europa sowie mit der Frage, ob und, wenn ja, wie es möglich ist, als Muslimin und Muslim in einer westlichen Gesellschaft zu leben (Grillo & Shah 2012: 11).

Auch Maussen (2004) merkt an, dass jede Auseinandersetzung um den Bau einer Moschee sich implizit immer auch um den Status von Musliminnen und Muslimen in der jeweiligen Gesellschaft und um die Legitimität ihres Daseins dreht. In katholisch geprägten Gesellschaften, die sich in einem Säkularisierungsprozess befinden, in dem die einstige Macht der katholischen Kirche noch nachklingt, wirft die Forderung der muslimischen Gesellschaft nach Teilhabe am öffentlichen Raum zudem noch die Frage nach der Rolle der Religion bzw. religiöser Werte in der Gesellschaft auf (ebd.). Die Debatten um den Bau islamischer Gotteshäuser sind damit nicht mehr nur eine Auseinandersetzung, die Musliminnen und Muslime betrifft, sondern den Umgang der jeweiligen Gesellschaften mit dem Thema Islam widerspiegelt. Sie stellen einen Wendepunkt in der Auseinandersetzung mit Migrantinnen und Migranten dar. Der Fokus verlagerte sich von sozialen und wirtschaftlichen Fragen hin zu religiösen und staatsbürgerschaftlichen Themen. Die Auseinandersetzung wirft für die Zielgesellschaft u. a. Fragen nach der Sichtbarkeit des Islam im öffentlichen Raum auf: Wo und wie sollten Moscheen gebaut werden? Was erscheint akzeptabel? Eine Moschee ohne ein Minarett wie etwa in der Schweiz? Gleichzeitig sind aber auch Musliminnen und Muslime gefordert. Welche architektonischen Formen werden gewählt? Wie beschränken sich diese nicht nur darauf, Vorgaben und Modelle aus den Herkunftsländern zu reproduzieren? Verbote, wie die in der Schweiz, machen diese Diskussionen und Debatten jedoch vielfach unmöglich (ebd.).

Muslimfeindlichkeit erstreckt sich, wie die Debatte um den Moscheebau deutlich zeigt, also nicht allein auf die indvidueelle, sondern auch auf die kollektive Ebene. Das heißt, sie äußert sich nicht nur in alltäglichen Diskriminierungen von Musliminnen und Muslimen, sondern ebenso in Form von Protesten gegen eine generelle Sichtbarkeit des Islams im öffentlichen Raum der europäischen Gesellschaften.

5. Fazit

Die eingehende Beschäftigung mit dem Thema Muslimfeindlichkeit in Europa liefert aufschlussreiche Erkenntnisse. Allen voran zeigt sie, dass es sich bei Muslimfeindlichkeit keinesfalls um ein Randphänomen einzelner europäischer Gesellschaften handelt, sondern vielmehr um ein gesamteuropäisches Phänomen. Besonders ernüchternd ist, neben der Omnipräsenz von Muslimfeindlichkeit, die

Tatsache der wachsenden Salonfähigkeit des Phänomens, das inzwischen nicht mehr nur eine rechtspopulistische Klientel anspricht, sondern zunehmend auch die Diskurse der gesellschaftlichen Mitte mitbestimmt. Interessant ist in diesem Zusammenhang besonders die Tatsache, dass innerhalb der geführten Debatten Fakten kaum eine Rolle zu spielen scheinen. Vielmehr wird deutlich, welche Bedeutung die tiefe Verwurzelung konstruierter Stereotype über die Jahre hinweg in Europa erlangen konnte.

Zwar äußert sich Muslimfeindlichkeit heute nicht in allen untersuchten europäischen Gesellschaften in der gleichen Art und Weise, jedoch ist ein gemeinsamer Nenner nicht zu übersehen: Die Angst vor gesellschaftlicher Überfremdung durch „die Anderen", die sich nicht zuletzt im Erfolg rechtspopulistischer Parteien in ganz Europa manifestiert. Die oftmals undifferenzierte mediale Berichterstattung sowie die Bedeutung des Internets, insbesondere der sozialen Medien, für die internationale Vernetzung rechtspopulistischer Gruppen und die Verbreitung von Muslimfeindlichkeit, können hier als Indizien angeführt werden.

Hinzu kommt, dass die Auswirkungen von Muslimfeindlichkeit auf den Alltag von Musliminnen und Muslimen europaweit ähnlich sind. Sie betreffen sowohl das Individuum, vor allem wenn es sich als religiös zu erkennen gibt, machen aber auch vor kollektiver Stigmatisierung keinen Halt. Und dies interessanterweise auch in Gesellschaften, in denen kaum Musliminnen und Muslime leben. Eine Tatsache, die besonders die Notwendigkeit einer differenzierten Diskussion um den gesellschaftlichen Zusammenhalt und die politische Umsetzung von Antidiskriminierungs-maßnahmen verdeutlicht. Eine Herausforderung, die sich allen europäischen Gesellschaften in gleicher Weise stellt, wollen sie nicht Gefahr laufen, durch die Vernachlässigung eines differenzierten politischen, gesellschaftlichen und medialen Diskurses der Radikalisierung gesellschaftlicher Gruppen Vorschub zu leisten.

TEIL B – DETAILANALYSEN

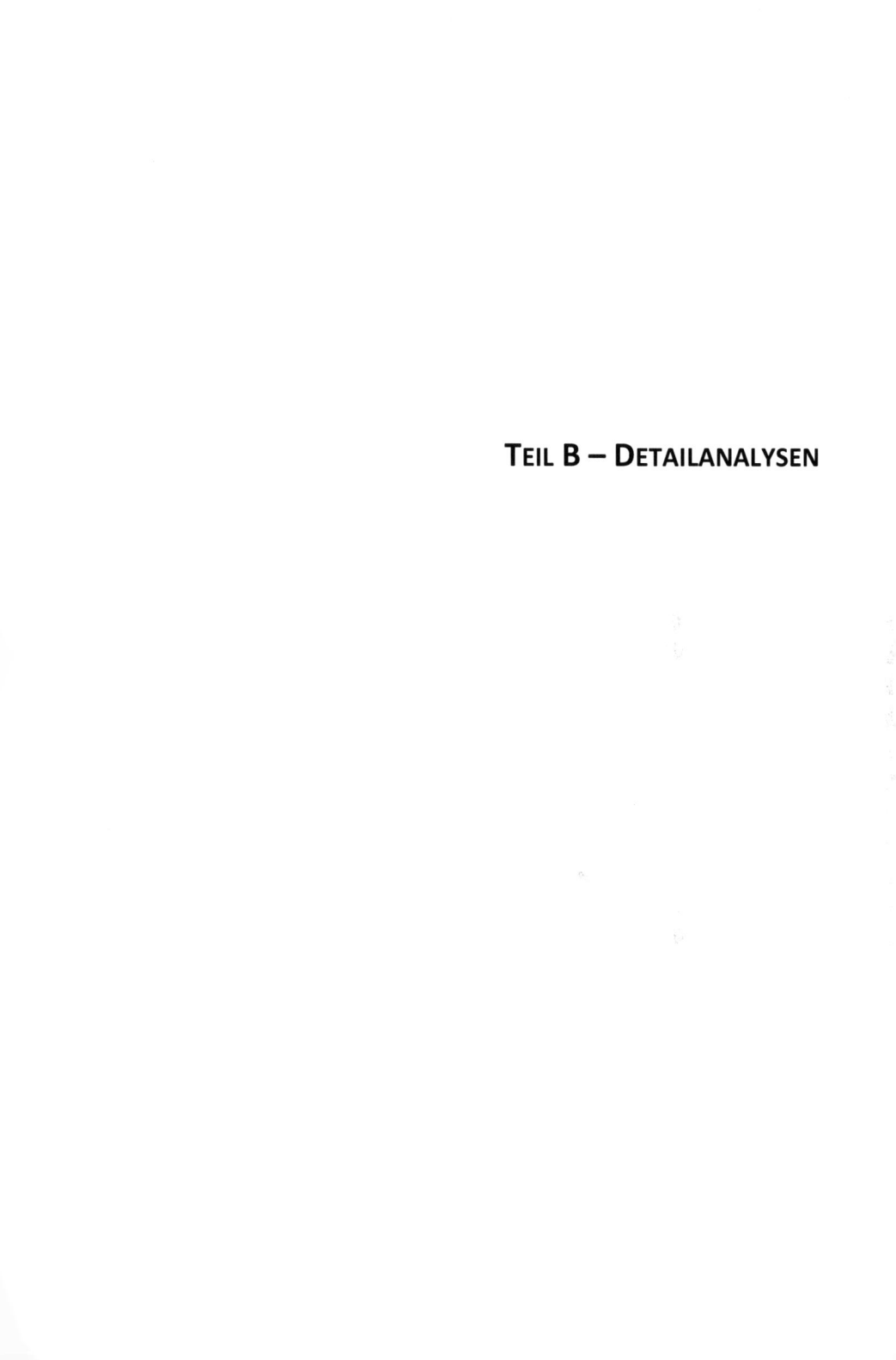

Muslimfeindlichkeit in Spanien

MIGUEL MONTERO LANGE

1. Einleitung

Die Unión de Comunidades Islámicas de España (UCIDE) beziffert die Zahl der in Spanien lebenden Musliminnen und Muslime im Jahr 2015 mit 1.887.906. Laut dem jährlichen Bericht „Estudio Demográfico de la Población Musulmana" (Unión de Comunidades Islámicas en España 2016) sind davon 41 % spanische Staatsangehörige, die Mehrheit der Nicht-Spanierinnen und -Spanier sind marokkanische Staatsbürgerinnen und Staatsbürger (El Confidencial 2016b). Die Musliminnen und Muslime stellen damit 4 % der spanischen Bevölkerung. Ende 2015 gab es in Spanien 1.491 eingetragene muslimische Religionsgemeinschaften mit insgesamt 1.241 Moscheen sowie 27 Friedhöfe respektive muslimische Grabfelder (Unión de Comunidades Islámicas en España 2015).

Trotz dieser nicht unerheblichen Zahlen sieht bspw. der spanische Ministerpräsident Mariano Rajoy keine Anzeichen für Muslimfeindlichkeit in Spanien, wie er auf einer Pressekonferenz am 08.01.2015 betont:

> „Ich sehe keine Gefahr einer muslimfeindlichen Welle, Spanien ist ein tolerantes Land. In den letzten 10 Jahren sind sechs Millionen Ausländer nach Spanien gekommen und es hat keine Probleme gegeben" (El País 2015).

Verschiedene Expertinnen und Experten und Organisationen scheinen ihm Recht zu geben, so z. B. der Maghrebexperte Ignacio Cembrero, der ebenfalls konstatiert:

> „Spanien hat, mit Einschränkungen, gut auf den Islam reagiert. Die Muslimfeindlichkeit ist sehr viel geringer als in anderen europäischen Ländern und die großen Parteien haben keine ausländerfeindlichen Haltungen" (El Confidencial 2016b).

Zu einem ähnlichen Schluss kommen auch SOS Rassismo in ihrem Jahresbericht 2015: Zwar habe sich 2014 die Ablehnung der muslimischen Gemeinschaft durch die konservativeren Teile der spanischen Gesellschaft wiederholte Male geäußert und entspreche damit der „immer aggressiveren Fremdenfeindlichkeit" in Europa (SOS Racismo 2015: 250), nichtsdestoweniger stellt die Organisation jedoch fest:

„Auch wenn wir die Zunahme muslimfeindlicher Einstellungen durch den Gebrauch und die Ausbreitung von Stereotypen, die durch die extreme Rechte und Kreise der Ultras manipuliert werden, feststellen, so sind die Übergriffe im restlichen Kontinent jedoch von größerer Schwere" (ebd.: 251).

Der vorliegende Beitrag fasst zunächst die wichtigsten Erkenntnisse über die Ausbreitung muslimfeindlicher Einstellungen in Spanien zusammen, bevor er auf konkrete Beispiele von Muslimfeindlichkeit, insbesondere gegenüber Frauen, sowie auf muslimfeindliche Übergriffe eingeht. Abschließend wird Muslimfeindlichkeit in Spanien vor dem Hintergrund der Rolle von Politik, Medien und Erziehungswesen beleuchtet.

2. Muslimfeindliche Einstellungen in Spanien

Auf nationaler Ebene stellen die Madrider Anschläge vom 11. März 2004 einen dem 11. September vergleichbaren Einschnitt dar: Auch sie führten in Spanien zu einer verstärkt sicherheitspoltischen Wahrnehmung („securitization") von Musliminnen und Muslimen sowie zu einer Unterscheidung zwischen „guten" und „bösen" Musliminnen und Muslimen. So wurden etwa in der öffentlichen Sprache die Begriffe „moro und mora"[4] wieder allgemein akzeptabel (Téllez Delgado 2016). Ibarra (2015) geht sogar so weit zu sagen, dass beide Terroranschläge lediglich bereits existierende muslimfeindliche Diskurse zurück an die Oberfläche brachten – Diskurse, die in Spanien schon vor der Jahrhunderte zurückliegenden Vertreibung der islamischen Bevölkerung aus Spanien bestanden. Eine Tatsache, die er auf die mangelhafte und oftmals pauschalisierende Vermittlung der Verbindung von Islam und spanischer Geschichte zurückführt (ebd.).

---

[4] Der Begriff „moro" (Maure bzw. Mohr) ist laut der Königlichen Akademie der Sprache frei von negativen Konnotationen und bezieht sich auf die maghrebinische Herkunft, den islamischen Glauben oder auf den Gebrauch des Arabischen (Real Academia Espagnola 2017). Tatsächlich werden aber sowohl „moro" wie auch „mora" als Schimpfwort benutzt, daher untersagt etwa die baskische Polizei ihren Beamten deren Gebrauch, denn „die Bezeichnung moro oder mora meint Personen, die aus Mauritanien stammen sowie jede Person die einen arabischen Dialekt spricht. Ihr Gebrauch ist immer stark negativ besetzt. Sie dürfen nicht gebraucht werden" (Secretaria General de la Ertzaintza 2015: 3).

Auch Bermejo Laguna (2016) verweist auf das kollektive Gedächtnis der Spanierinnen und Spanier, das noch immer darunter leide, dass es bspw. während der Rückeroberung Granadas 1492 lediglich gelang, Musliminnen und Muslime aus Spanien zu vertreiben, nicht jedoch sie zu unterwerfen:

> „Die Erinnerung, die wir von unserer islamischen Vergangenheit haben, bringt heutzutage ein Gefühl der Ablehnung hervor, das sich in punktuellen aber bezeichnenden Momenten wie etwa bei der Eröffnung einer Moschee an zentralen Plätzen der Städte äußert. Politische Organisationen nutzen sie aus, um die obsessiven Ängste vor einer islamischen Wiedereroberung zu nähren, was wiederum dazu führt, dass viele Einheimische sich gegen diese Einrichtungen islamischen Glaubens wenden" (ebd.: 139).

Acht Jahrhunderte muslimischer Herrschaft auf der iberischen Halbinsel, die Reconquista, die Vertreibung der „moriscos" und die koloniale Geschichte in Marokko von 1912 bis 1956 haben zu negativen Einstellungen gegenüber dem Islam beigetragen. Diese seien zwar inzwischen in ihrer Form abgeschwächt, nicht aber im Inhalt, so auch Casani Herranz (2016).

Laut einer aktuellen Befragung des Pew Research Center (2016) haben in Spanien etwa 50 % der Bevölkerung eine negative Sichtweise auf den Islam. Spanien liegt damit hinter Ungarn (72 %), Italien (69 %), Polen (66 %) und Griechenland (65 %); aber weit vor den Niederlanden und Schweden (35 %) und auch Deutschland (29 %) (siehe Abbildung 12).

Views of Muslims more negative in eastern and southern Europe
Unfavorable view of Muslims in our country

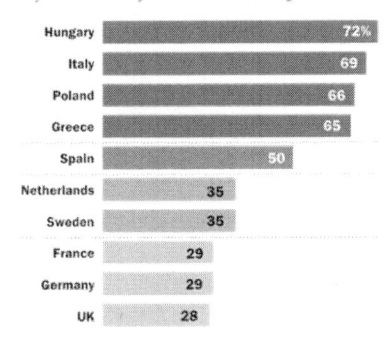

Country	%
Hungary	72
Italy	69
Poland	66
Greece	65
Spain	50
Netherlands	35
Sweden	35
France	29
Germany	29
UK	28

Note: In Poland, question was asked of a subsample of 686 respondents.
Source: Spring 2016 Global Attitudes Survey. Q36c.
PEW RESEARCH CENTER

Abbildung 12: Negative Einstellungen gegenüber Musliminnen und Muslimen in 10 Ländern
Prozentualer Anteil in der Bevölkerung (Pew Research Center 2016)

Eine im Auftrag der Europäischen Kommission (2015) durchgeführte Befragung über Diskriminierung in der EU ergibt ein etwas differenzierteres Bild: In Spanien sagen 97 % der Befragten bspw., dass sie absolut einverstanden sind oder es ihnen gleichgültig ist, wenn ein Arbeitskollege Christ oder eine Arbeitskollegin Christin sei (EU-28: 94 %, DE: 91 %) und noch 81 % beantworten die Frage gleichermaßen, wenn es sich dabei um eine Muslimin oder einen Muslim handelt (EU-28: 71 %, DE: 64 %). Zielt die Frage auf die Lebenspartnerin oder den Lebenspartner des eigenen Kindes ab, so bleibt der Prozentsatz bei einer Christin oder einem Christ mit 94 % nahezu unverändert (EU-28: 89 %, DE: 88 %), ist jedoch mit 59 % bei einer Muslimin oder einem Muslim erheblich geringer (EU-28: 50 %, DE: 43 %). Interessant ist auch die Tatsache, dass in Spanien nur 39 % der Befragten der Ansicht sind, religiöse Diversität spiegele sich ausreichend in den Medien wider (EU-28: 59 %, DE: 68 %) (Europäische Kommission 2015).

Im Hinblick auf das spanische Integrationsmodell konstatiert der Soziologe Alejandro Portes (2016) Folgendes:

> „Es handelt sich um eine Aufnahmegesellschaft, die zwar kein Integrationsmodell hat, in der es allerdings auch keine allgemeine Tendenz zur Diskriminierung gibt, möglicherweise weil die Spanier selber vor nicht allzu langem Migranten gewesen sind" (Fundacion BBVA 2016).

Was sich allerdings in der zweiten Migrantengeneration verändert hat – Portes führt aus einer eigenen Studie das Beispiel junger muslimischer Studentinnen und Studenten an – ist die Wahrnehmung von Musliminnen und Muslime durch Sicherheitspersonal. Besonders das aggressive Verhalten der Polizei wird von den Studierenden, die sich als Spanierinnen und Spanier fühlen, als Schikane empfunden (El Confidencial 2016a). „Es wäre tragisch", so Portes, „wenn dieser relativ erfolgreiche Prozess, auf den Spanien durchaus stolz sein kann, durch diese Form des polizeilichen Vorgehens scheitern könnte" (ebd).

Die Wissenschaft hat sich bereits früh mit dem Alltag muslimischer Frauen in Spanien beschäftigt (Martín Muñoz & López Sala 2003). In der spanischen Fachpresse sind bspw. Formen der Verschleierung, daraus resultierende Konflikte und mögliche Wege des Interessenausgleichs (siehe hierzu z. B. Serrano Falcón 2016; López-Sidro López 2013; Benedí La Huerta 2012; Aláez Corral 2011; Ramírez 2011) ein viel behandeltes Thema, ebenso wie die Auswirkungen der Verschleierung auf die Arbeitsmarktintegration muslimischer Frauen (Ainz Galende 2011).

Ein weiterer Aspekt, zu dem umfassend geforscht wird, ist die fehlende Anpassungsfähigkeit des spanischen Sozialversicherungsrechts im Hinblick auf islamische Familienmodelle. So ist z. B. die Frage der Leistungen der gesetzlichen Rentenversicherung, vor allem in Bezug auf die Witwenrente bei Polygamie, ausführlich diskutiert worden (siehe hierzu z. B. García Valverde 2015; Desdentado Aroca 2009; De No Vázquez 2004; De Paz Martin 2011; De Val Tena 2003; Díaz Aznarte 2013; Labaca Zabala 2004; López Mosteiro 2001; Martín Jiménez 2002; Molins García-Atace 2005; Pérez Vaquero 2015; Pericás Salazar 2007). Erforscht worden sind auch die Auswirkungen von Riten wie etwa des Ramadans auf die Arbeitsrealität von Musliminnen und Muslimen in Spanien (ASPRAMUR 2012; Barrios Baudor & Jiménez-Aybar 2006).

Eine relativ aktuelle Studie setzt sich mit der Realität von Frauen auseinander, die zum Islam konvertiert sind, und beleuchtet dabei auch die Ablehnung, die der Islam in Spanien erfährt: Diese Frauen berichten von einer „allgemeinen Feindlichkeit gegenüber allem, was mit der „islamischen Frage" identifiziert wird und sich in offener Ablehnung der Konvertiten ausdrückt" (Madonia 2012: 62).

Während die ältere Generation der muslimischen Community in Spanien noch auf die „Unsichtbarkeit" ihres Glaubens setzte, sind es v. a. jüngere Musliminnen und Muslime, die sich für das „Sichtbarmachen" ihres Glaubens einsetzen. Sie tun dies mit ihrer Entscheidung für oder gegen das Kopftuch oder ganz allgemein durch ein starkes Engagement in Vereinen (Téllez Delgado 2016). Dies tun sie offenbar mit Erfolg. So verzeichnet bspw. eine repräsentative Umfrage aus dem Jahr 2014 einen Rückgang der Ablehnung des Kopftuches um 8 Prozentpunkte im Vergleich zu 2012 und sogar um 19 Prozentpunkte im Vergleich zu 2010. Ein ähnliches Bild ergibt sich bei der Frage nach dem Bau von Moscheen, den 2014 nur noch 38 % der Befragten ablehnten und nicht mehr 42 % (2012) oder sogar 49 % wie noch im Jahr 2010 (Cea D' Ancona & Valles Martínez 2015). Trotz dieser positiven Entwicklungen ist aber auch in Spanien ein Anstieg von Muslimfeindlichkeit zu beobachten, wie im Folgenden beschrieben wird.

3. Muslimfeindliche Übergriffe

Deutliche Worte findet die spanische Generalstaatsanwältin Consuelo Madrigal Martínez-Pereda bei der Vorstellung ihres Jahresberichtes 2016:

> „Im Bereich Rassismus und Ausländerhass richten sich die meisten Straftaten – nicht selten sind sie religiös motiviert – gegen Sinti und Roma und Personen mit muslimischer Herkunft sowie gegen Personen, die aufgrund ihres Äußeren als Ausländer identifiziert werden können" (Centro de Estudios Jurídicos. Ministerio de Justicia 2016: 691).

Die Plataforma Ciudadana contra la Islamofobia registrierte für 2015 insgesamt 278 muslimfeindliche Übergriffe verschiedenster Art; das entspricht einer Steigerung um 35 Prozentpunkte im Vergleich zum Vorjahr (El Mundo 2016). 63 % der Zwischenfälle fanden in den drei bevölkerungsreichen Regionen Madrid, Katalonien und Valencia statt. Die Übergriffe lassen sich folgenden Kategorien zuordnen: Bei 21,8 % handelte es sich um Hassangriffe im Internet, 19,4 % richteten sich explizit gegen verschleierte Frauen, 5,3 % gegen Musliminnen und Muslime im Allgemeinen und 3,4 % gegen Geflüchtete. Ferner verzeichnet die Plattform Vandalismus gegen Moscheen (5,3 %) sowie gegen deren Neubau (4 %). Die Sprecherin der Plattform stellt fest, dass zwar

> „40 % der Muslime in Spanien die spanische Staatsangehörigkeit haben, sie aber immer noch als Ausländer angesehen werden und der Islam als eine importierte Religion bezeichnet wird, die vollkommen fremd und sogar fern zu sein scheint. Diese Negierung der Bürgerschaft der muslimischen Spanier

drückt sich in direkten Angriffen, Hassreden, Diskriminierung und mangelnder Dienstleistung wie etwa auf islamischen Friedhöfen aus" (ebd.).

Zudem gibt es einen deutlichen Zusammenhang zwischen den Attentaten in Europa und dem Anstieg von Gewalttaten mit muslimfeindlichem Hintergrund: So wurden etwa am 22. März 2016, kurz nach den Anschlägen in Brüssel, Moscheen in Denia, Granada, Madrid, Salamanca, Soria und Zamora angegriffen.

Die amtliche Statistik des Innenministeriums erfasst Muslimfeindlichkeit allerdings bisher nicht explizit, sondern subsummiert sie unter die Kategorien „Diskriminierung gegen religiösen Glauben oder religiöse Praxis" sowie unter „Rassismus und Fremdenfeindlichkeit" (Ministerio del Interior 2016: 48). Im Jahr 2014 reagierte das spanische Innenministerium darauf mit der Einführung eines „Handlungsprotokolls für die Sicherheitskräfte" sowie mit der Erweiterung des Art. 510 des spanischen Strafgesetzbuches um verschiedene Straftatbestände. Aufgenommen wurde der Straftatbestand der Hetze oder des Aufrufes zur Gewalt gegen bestimmte Gruppen aus rassistischen Gründen oder mit einer diskriminierenden Motivation. Erreicht werden sollen eine angemessenere Typisierung von Handlungen, die sich strafverschärfend auswirken sowie ein verbesserter Opferschutz. Ferner erfolgten eine Anpassung der Strafprozessordnung sowie der Ausbau des Netzwerkes von Ansprechpartnerinnen und -partnern (Ministerio del Interior 2016).

4. Muslimfeindlichkeit und der politische Diskurs

Die Diskussion um den Islam spielt sich in Spanien zwar auch auf der politischen Ebene ab, Parteien, die offen mit muslimfeindlichen Inhalten werben, sind jedoch die Ausnahme. Tatsächlich gibt es lediglich eine einzige Partei, die ein offenes muslimfeindliches Profil entwickelt hat: Die Plataforma per Catalunya, die bei den Kommunalwahlen im Jahr 2015 allerdings nur noch 8 Sitze (statt 67 Sitze im Jahr 2011) für Stadtverordnete erreichen konnte. Im letzten Wahlkampf hat zudem der katalanische Zweig der Partido Popular versucht, sich mit muslimfeindlichen Parolen zu profilieren, ohne allerdings einen Stimmzuwachs erreichen zu können (Casani Herranz 2015).

Dennoch stand in den letzten Jahren das Thema Burkaverbot auf der politischen Agenda spanischer Parteien. Eine der politischen Debatten um die Burka fand in

Katalonien statt: Dort versuchten im Jahr 2010 sozialdemokratische, nationalistische und rechte Parteien vergeblich auf kommunaler Ebene ein Burkaverbot durchzusetzen. Fernández Suárez (2015) zeigt in ihrer Untersuchung der parlamentarischen „Burka-Debatte" und des Medienechos, das diese nach sich zog, dass es sich um eine Stellvertreterdebatte handelte. Muslimische Frauen wurden zu Repräsentantinnen des Islams im öffentlichen Raum und zu Trägerinnen einer bestimmten, repressiven Symbolik stilisiert. Besonders interessant ist, dass sich die geführte Debatte auf keinen konkreten Fall bezog, da die Burka im öffentlichen Raum in Katalonien quasi inexistent ist (Fernández Suárez 2015).

Im gleichen Jahr 2010 hat die bereits erwähnte konservative Partido Popular einen Antrag auf ein landesweites Burka-Verbot in das katalonische Regionalparlament eingebracht, dort die Abstimmung aber verloren. Auch auf nationaler Ebene brachte man 2010 Verbotsanträge in das Parlament ein. Begründet wurden diese Anträge mit dem Schutz der Frau sowie mit Sicherheitsfragen. Beide Anträge wurden angenommen, sind jedoch bislang nicht in Form von Gesetzestexten übernommen worden. Die Diskussion ist nach wie vor offen. Das Verfassungsgericht hat eine Verordnung des Bürgermeisteramts von Lleida (Katalonien), mit der das Tragen der Burka verboten werden sollte, für verfassungswidrig erklärt. Mehrere NGOs hatten gegen diese Verordnung Klage erhoben. 2014 startete das katalanische Parlament einen weiteren Versuch und verabschiedete einen Beschluss, der die Landesregierung auffordert, ein Burkaverbot aus Gründen der öffentlichen Sicherheit in Erwägung zu ziehen (Fernández-Suárez 2015).

Blickt man auf das politische Spektrum, so ist die Haltung der wichtigsten Regionalparteien eindeutig gegen das Tragen der Burka. Dennoch findet eine Abgrenzung gegenüber rechten Parteien statt, die dieses Thema in den Fokus ihrer Wahlkämpfe stellten. Linke Parteien sehen das Tragen der Burka, v. a. unter dem Gesichtspunkt der Frauenrechte, zwar auch als problematisch an, sprechen sich aber gegen ein generelles Verbot aus.

5. Muslimfeindlichkeit und Medien

Die Medienberichterstattung über Musliminnen und Muslime ist einer der zentralen Kritikpunkte bei der Betrachtung der Situation in Spanien. Insgesamt kann von einer reduktionistischen Berichterstattung gesprochen werden (Padilla Castillo & Sánchez González 2013). Desrues (2008) benennt vier zentrale Kritikpunkte an der Berichterstattung der spanischen Presse: Die Beurteilung der Religion ohne tatsächliches Hintergrundwissen, die Vermischung von Urteilen über Islam und Muslime, die Identifizierung des Islams mit bestimmten Verhaltensmustern und das Heranziehen des Glaubens zur Erklärung bestimmter Handlungen. All dies führe zu einer verkürzten Sichtweise des Islams, der dann mit folgenden Schlagwörtern assoziiert wird: Gebrauch von körperlicher Bestrafung, Sexismus, despotische Regierungen und Fanatismus bzw. Terrorismus (Desrues 2008). Ibarra (2015) argumentiert in die gleiche Richtung, wenn er schreibt:

> „Mit nur wenigen Ausnahmen ist die Darstellung der arabisch-islamischen Welt ziemlich negativ. Das Bild schwankt zwischen dem armen Bootsflüchtling, dem fanatischen Integristen, dem reichen Emir der Golfstaaten und dem Terroristen. Dadurch wird ein Stereotyp gestärkt, das Ablehnung und ethnische Abneigung verfestigt und kaum Raum lässt, die Kultur schätzen zu lernen" (Ibarra 2015: 15).

Die Unión de Comunidades Islámicas en España (2015) hat in ihrem aktuellen Jahresbericht über Muslimfeindlichkeit festgestellt, dass zwar die Reaktionen der spanischen Bevölkerung angesichts der Anschläge moderat ausfielen, die Presse jedoch durch „falsche Beschuldigungen und journalistische Mutmaßungen eine übertriebene soziale Alarmstimmung" (Unión de Comunidades Islámicas en España 2015: 3) fördere.

Piquer Martí (2015) beschreibt den Zusammenhang zwischen Muslimfeindlichkeit und der Berichterstattung der Presse anhand einer Untersuchung der diskursiven Strategien zweier landesweiter Tageszeitungen: El País und La Razón im Jahr 2013. In diesem Jahr hat El País, eine liberale Tageszeitung, 72 Nachrichten über die muslimische Welt veröffentlicht, davon lediglich fünf mit einem positiven Tenor. La Razón, eine eindeutig konservative Tageszeitung, hat 123 Nachrichten über die muslimische Welt veröffentlicht, lediglich eine hat einen positiven Tenor. Es handelt sich, so Piquer Martí, insgesamt um einen Diskurs der pauschalisierend argumentiert, die Konstruktion einer Differenz zwischen „sie" und „wir" verstärkt und eine deutliche Polarisierung betreibt. Gleiches gilt für den Gebrauch bestimmter Bilder, mit denen Stereotype bedient und bestehende Vorurteile zementiert werden (z. B. Verschleierung = Vorzeichen einer Invasion; islamischer Glaube = Fundamentalismus). Rassistische und muslimfeindliche Äußerungen werden so – auch durch entsprechendes Bildmaterial – zu legitimer

Kritik. Es werden Terminologien geschaffen, die durch ihre Dekontextualisierung eine andere, neue Bedeutung bekommen (z. B. Djihad oder Jihad = heiliger Krieg)[5]. Oftmals werden verschiedene Metaphern gebraucht, um das Gefühl einer Bedrohung (Welle, Lawine, Zeitbombe, Monster), aber auch das Wir-Gefühl zu verstärken. Von der Berichterstattung betroffene Musliminnen und Muslime kommen nur selten und wenn, dann auch nur sehr selektiv zu Wort. Beide Tageszeitungen verwenden also, trotz ihrer ideologischen Unterschiede, muslimfeindliche Elemente. Dies drückt sich, so die Autorin, sowohl in der Berichterstattung, dem Diskurs, der Bebilderung als auch in der Betitelung der Beiträge aus.

Ramírez (2010) bekräftigt diese kritische Bestandsaufnahme der spanischen Medienberichterstattung und fasst sie wie folgt zusammen: Es habe sich eine Gruppe von vermeintlich spezialisierten Journalisten herausgebildet, die keine fachspezifischen Kenntnisse vorzuweisen haben. Die Presse würde in Zusammenhang mit Migration eher konservative Positionen einnehmen und Islam werde in der spanischen Presse in der Regel stark mit Marokko und den „moros" identifiziert. Ramirez (2010) untersuchte ebenfalls, ob sich durch die Anschläge vom 11. März 2004 die spanische Berichterstattung über muslimische Frauen – vor allem über das Kopftuch – in den drei auflagenstärksten Tageszeitungen (El País, El Mundo und ABC) nachhaltig veränderte. Hierzu betrachtete er die Jahre 2000 bis 2007. Insgesamt kommt er zu dem Schluss, dass das Tragen eines Kopftuches als Beleg für Rückständigkeit und mangelnden Integrationswillen interpretiert wird. Tatsächlich werde die Kopfbedeckung in den Vordergrund gestellt, wenn es Journalistinnen und Journalisten darum gehe, ein Gefühl der Fremdheit

---

[5] „Etymologisch bedeutet der arabische Begriff die Bemühung, ein bestimmtes Objekt zu erreichen. Auch wird darunter eine individuelle Bemühung um den Glauben (großer Jihad) oder zum moralischen Handeln und Mission verstanden. Im islamischen Recht bezeichnet er, oft „Kleiner Jihad" genannt, eine der zulässigen Formen des Krieges zur Erweiterung des islamischen Herrschaftsbereichs oder zu dessen Verteidigung (Suren 8:30; 61:8; 2:217 u. a.). Jihad ist eine Pflicht der Gemeinschaft der Muslime, die ständig verfolgt werden muss. Gemäß dem islamischen Recht müssen bei der Ausrufung des Jihad bestimmte Regeln eingehalten werden: Zunächst ein Aufruf an die Ungläubigen, den Islam anzunehmen bzw. an die Juden und Christen, die Herrschaft der Muslime anzuerkennen. Nach einer Bedenkzeit wird dann der Krieg begonnen. Die Jihad-Doktrin erfuhr verschiedene Umdeutungen, als Friedensschlüsse mit nichtmuslimischen Herrschern unumgänglich wurden. Im Ersten Weltkrieg bemühten sich die Osmanen mit deutscher Unterstützung ohne großen Erfolg, durch den Aufruf zum Jihad die muslimische Bevölkerung zum Kampf gegen ihre britischen Besatzer anzustacheln. In der Moderne gehört das Konzept des Jihad zur Rhetorik radikaler islamischer Bewegungen und auch muslimischer Staaten bei der Abgrenzung von und der Auseinandersetzung mit dem Westen" (Szyska 2008).

zu erzeugen. Vor allem die eher konservativen Tageszeitungen würden die Unterscheidung zwischen „wir" und „sie" bestärken und muslimische (v. a. marokkanische) Frauen als Opfer darstellen. Die eher sozialdemokratisch ausgerichtete El País hingegen versucht, durch die Portraitierung des muslimischen Alltags gelungene Integration abzubilden.

6. Islam und Schule

Neben der vielfach undifferenzierten Presseberichterstattung ist die Vermittlung von historischen und religionswissenschaftlichen Kenntnissen über den Islam an spanischen Schulen zu kritisieren. Casani Herranz spricht in diesem Zusammenhang von einem „hidden curriculum" (Casani Herranz 2015: 474), das darin besteht, einen Antagonismus zwischen der jüdisch-christlichen und der islamischen Zivilisation zu konstruieren und den Beitrag der arabischen Welt zur spanischen Geschichte und Identität zu leugnen. Muslimfeindlichkeit entspricht in Spanien

> „einem tiefsitzenden sozialen und sogar historischen Raster. Es ist ein Vorurteil, das in der Schule nicht bekämpft wird. Weder Lehrer noch Lehrmaterial behandeln die arabische Welt und den Islam in angemessener Form. Im Bildungswesen herrschen Oberflächlichkeit, Unkenntnis und Irrtum vor sowie die Zunahme von Vorurteilen und partiellen und fremdenfeindlichen Interpretationen, die eine Ablehnung der arabischen und muslimischen Kultur verstärken. Täglich wird die Notwendigkeit deutlich, die Lehrmaterialien zu überarbeiten und die Lehrerschaft zu bilden und zwar von einer interkulturellen Perspektive aus, von der Religionsfreiheit und der Toleranz" (Ibarra 2015: 15).

Eine Untersuchung über die Bedeutung des Islams in spanischen Schulbüchern in der Region Katalonien zeigt, dass dieser dort kaum erwähnt ist (Mayoral Arqué et al. 2012). Die Autorinnen und Autoren sprechen daher von einem „null curriculum" und schlagen eine Überarbeitung der Schulbücher vor. Der Anteil der Schulbücher, in denen der Islam mehr als nur erwähnt wird, ist verschwindend gering. Lediglich 1,5 % der Bücher enthalten ein Kapitel dazu. Lediglich 4,2 % der Erwähnungen widmen sich der muslimischen Präsenz in Spanien in der Vergangenheit und der Gegenwart, während sich die meisten Beiträge auf das materielle und kulturelle Erbe des Islams beziehen. Zudem verdichtet sich die Darstellung des Islams oft in ikonographischen Darstellungen, bisweilen mit antagonistischem Charakter. Der Islam und die Musliminnen und Muslime sind damit in den Schulbüchern kaum sichtbar. In diesem Zusammenhang ist es vielleicht nicht treffend, von Muslimfeindlichkeit zu sprechen, wohl aber von Eurozentrismus.

Auch in puncto Religionsunterricht gibt es Nachholbedarf: Insgesamt gibt es 111.652 muslimische Schülerinnen und Schüler, die spanische Staatsangehörige sind und 170.073, die eine andere Staatsangehörigkeit haben, aber nur 48 islamische Religionslehrerinnen und -lehrer (Unión de Comunidades Islámicas en España 2016). Die UCIDE klagt, dass 95 % der muslimischen Schülerinnen und Schüler keinen Zugang zu Religionsunterricht haben, 60 % der islamischen Religionslehrerinnen und -lehrer arbeitslos seien und das, obwohl die 1992 unterzeichnete Vereinbarung zwischen der spanischen Regierung und dem Dachverband der muslimischen Gemeinschaften in Spanien das Recht vorsah, islamischen Religionsunterricht einzurichten, wenn mindestens zehn Schülerinnen und Schüler dies wünschen (ebd.).

7. Fazit

Spielt Muslimfeindlichkeit in Spanien wirklich keine Rolle, wie es der spanische Ministerpräsident in seinem eingangs erwähnten Zitat nahelegte? Tatsächlich wird dieser Befund auch von verschiedenen NGOs geteilt. Die Ergebnisse der Meinungsumfragen sind uneinheitlich. Abhängig von der Quelle liegt die Ablehnung von Musliminnen und Muslimen in Spanien über oder unter dem internationalen Durchschnitt. Allerdings hat die Anzahl muslimfeindlicher Übergriffe – selbst wenn sie im Vergleich zu anderen westeuropäischen Ländern gering ist – ein Ausmaß angenommen, dass Polizei und Generalstaatsanwaltschaft sie inzwischen als ein Problem für die innere Ordnung ansehen.

Zweifelsohne unterscheidet sich Spanien von den restlichen europäischen Ländern, und zwar dadurch, dass kein anderes europäisches Land so lange und nachhaltig von Musliminnen und Muslimen geprägt wurde und entsprechend die Spuren islamischen Lebens und islamischer Kultur noch immer in großem Maße präsent sind. Allerdings wird das historische und kulturelle Erbe teilweise negativ gedeutet und bildet vielfach die Grundlage für muslimfeindliche Diskurse und muslimfeindliches Verhalten. Musliminnen sind in diesem Zusammenhang besonders von Diskriminierung und Anfeindung betroffen, denn sie visualisieren den Islam und stellen damit eine einfach Zielscheibe dar.

In der spanischen Politik ist Muslimfeindlichkeit nur ansatzweise präsent. Lediglich marginale Gruppen werben offen mit Muslimfeindlichkeit. Versuche, ein Burkaverbot zu erwirken, sind auf der nationalen Ebene versandet und wurden auf der lokalen Ebene von Gerichten aufgehoben. Problematischer ist der Umgang der Medien mit „dem" Islam: Pauschalisierende Urteile in Medienberichten verfestigen Stereotype und prägen damit ein negatives Bild. Selbst das Bildungssystem wird der Aufgabe nicht gerecht, ein differenziertes Bild des Islams und der in Spanien lebenden Musliminnen und Muslime zu vermitteln bzw. Kindern eine vorurteilsfreie Herangehensweise an die religiöse Vielfalt in der Vergangenheit und Gegenwart Spaniens zu ermöglichen.

Wo sich Unwissenheit und Ängste verbinden – Von der angeblichen Muslimfeindlichkeit in Polen

ZIAD ABOU SALEH[6]

1. Einleitung

Ein Thema, das auch in Polen sehr häufig in öffentlichen Debatten oder in offiziellen Äußerungen von Politikerinnen und Politikern angesprochen wird, ist der Zuzug von Menschen aus den Ländern des Nahen Ostens und Nordafrikas nach Europa. Wir haben es dabei mit der größten Migrationsbewegung seit vielen Jahrzehnten zu tun, an der Millionen von Menschen beteiligt sind und die unsere Gesellschaften vor bedeutsame ökonomische, politische und kulturelle Herausforderungen stellt.

Es kommen Familien und Einzelpersonen, die ihre Heimat aufgrund von Krieg, Angst und Hunger verlassen haben und die durch tragische Erlebnisse gezeichnet sind. Zudem bringen sie Traditionen und Bräuche – u. a. religiöser Art – mit, die sich in vielerlei Hinsicht von polnischen Traditionen unterscheiden und die nicht selten mit bestimmten historischen Konnotationen belegt sind. Diese Tatsache birgt eine Chance, aber auch die Pflicht, darüber nachzudenken, inwiefern beide Seiten bereit sind, sich zu treffen und auszuloten, was sie sich gegenseitig anbieten können. Es muss diskutiert werden, wie – trotz zahlreicher kultureller Unterschiede – eine Zusammenarbeit und langfristig eine gesellschaftliche Integration von zugewanderten Minderheiten und einheimischer Bevölkerung möglich ist.

Die bisher umgesetzten Konzepte interkultureller Gesellschaften, die rechtlichen Lösungen, die z. B. in Frankreich, Großbritannien oder Deutschland angewandt werden, geben, trotz zweifelloser Erfolge, keinen Grund zu einem vorbehaltlosen Optimismus. Die Erfahrungen dieser Länder machen vielmehr das Ausmaß und die Vielfalt der Probleme bewusst, die den Prozess der gesellschaftlich-kulturellen Integration begleiten. Dieser Prozess wird durch den anhaltenden Zuzug von Migrantinnen und Migranten nicht weniger komplex, zumal der Zuzug sehr

---

[6] Aus dem Polnischen übersetzt von Arkadiusz Dziura, Lektorat Minor.

schnell und nicht selten unter wachsenden Protesten der europäischen Bevölkerung erfolgt. Hinzu kommt, dass er von den europäischen Staatsoberhäuptern nicht gemeinsam koordiniert wird.

Der vorliegende Beitrag unternimmt den Versuch, das Verhältnis der polnischen Bevölkerung zu muslimischen Migrantinnen und Migranten zu beschreiben.

2. „Die" Muslime, „die" Araber und „der" Islam – die großen Unbekannten der Debatte

Zunächst ist darauf hinzuweisen, dass die polnische Bevölkerung in ethnischer Hinsicht sehr homogen ist. Zwar gibt es ein Spektrum an Minderheiten, jedoch ist ihre Anzahl gering und somit soziologisch unwesentlich. Neben Vertreterinnen und Vertretern von praktisch allen europäischen Nationalstaaten gibt es Roma, Tataren oder Lemken und auch einige Menschen aus dem arabischen Kulturkreis. Politische Kontakte zur arabischen Welt sind in Polen aber bis heute eine Seltenheit.

Gleiches gilt für den kulturellen Bereich: Abgesehen von den Reportagen Ryszard Kapuścińskis[7] sowie von den Aktivitäten der Mitarbeitenden des Warschauer Instituts für Arabistik, sind die meisten literarischen Texte, die die arabische Welt im weitesten Sinne thematisieren, lediglich Erinnerungen und Reflexionen in unterschiedlicher Form und literarischer Qualität – z. B. Berichte über Reisen und ab den 1970er-Jahren über geschäftliche Beziehungen. Für die überwiegende Mehrheit der polnischen Bevölkerung sind arabische Länder vor allem ein attraktives und exotisches, aber in Hinsicht auf die Kultur, die Gebräuche und die Mentalität, fremdes Urlaubsziel. Eine der Konsequenzen ist das verschwindend geringe Wissen über die aktuelle politische und soziale Situation in der arabischen Welt im Allgemeinen sowie über Musliminnen und Muslime im Besonderen.

---

[7] Der Historiker Ryszard Kapuściński (1932-2007) gilt als einer der herausragenden polnischen Journalisten der Gegenwart. Der „Kaiser der Reportage" arbeitete viel Jahre als Auslandskorrespondent der polnischen Presse in Asien, Afrika und Lateinamerika. Seine über 30 Bücher wurden in viele Sprachen übersetzt und seine Arbeit wurde u. a. mit dem Leipziger Buchpreis zur Europäischen Verständigung (1994) sowie mit dem Hanseatischen Goethe-Preis (1999) der Alfred-Toepfer-Stiftung ausgezeichnet (Perlentaucher 2017).

Dieses Unwissen zeigt sich in meiner zwischen 2003 und 2016 durchgeführten empirischen Befragung (Abou Saleh 2003-2016) von mehr als 2.000 Studierenden der Hochschule in Wrocław/Breslau sehr deutlich: Auffällig ist die allgemein übliche Gleichsetzung von Herkunft und Religion. Eine solche Assoziation führt z. B. zu der inhaltlich unbegründeten Annahme, dass alle islamischen Staaten arabische Staaten seien oder alle Menschen aus arabischen Ländern Musliminnen und Muslime. Sehr oft zählten die befragten Studierenden bspw. den Iran, Pakistan, Afghanistan und sogar Israel (sic!) zur Gruppe der arabischen Staaten. Zudem griffen viele der Befragten in ihren Äußerungen über Musliminnen und Muslime auf Stereotypen und offensichtliche Simplifizierungen zurück. Nicht selten waren diese an der Grenze zu Missverständnissen und Verfälschungen. So gaben bspw. in der von mir befragten Gruppe 17,1 % an, dass sie Musliminnen und Muslime mit fehlendem Respekt gegenüber Frauen assoziieren, mit Terrorismus (16,5 %), mit Religion (16,1 %), mit Dschihadisten (10,7 %) sowie mit Aggression (10,4 %) und Blut (9,2 %). In der Vorstellung der Befragten wurden Musliminnen und Muslime außerdem mit den Begriffen Bartwuchs (6,2 %), Kebab (5,1 %), Hidschab (4,7 %) sowie mit Kamelen (2,1 %) in Verbindung gebracht (ebd.).

Eine Ergänzung zu diesen Ergebnissen ist die Untersuchung der Stiftung Przestrzeń Wspólna (Gemeinsamer Raum) und des Zentrums Badań nad Uprzedzeniami (Zentrum für Vorurteilsforschung). Im August 2015 wurden von ihnen 711 Polinnen und Polen gefragt, was sie am häufigsten mit dem Wort „Islam" assoziierten. 498 der Befragten setzten das Wort „Islam" mit Religion gleich, 230 mit Terrorismus, 100 mit Araberinnen und Arabern, 72 mit dem Koran, 68 Personen mit Musliminnen und Muslimen und die gleiche Zahl mit Fanatikerinnen und Fanatikern (Stefaniak 2015: 15). Interessanterweise zeigen Studien aus den Jahren 1992 bis 1996 ähnliche Assoziationsketten. Studierende brachten damals „einen Muslim" mit Religion, Reichtum, arabischen Scheichs, mit Polygamie, Harem, schlechter Behandlung von Frauen, den Märchen von 1001 Nacht, dunkler Augenfarbe, mit dem Kopftuch, starkem Familienzusammenhalt, Tapferkeit und mit Kamelen in Verbindung (Abou Saleh 1992-1996).

Das Unwissen der heutigen, polnischen Studierenden über Musliminnen und Muslime ist ebenfalls in ihren Antworten zur muslimischen Kultur zu sehen. Auch in diesem Teil der Befragung assoziierten die Teilnehmenden mit Musliminnen und Muslimen Begriffe wie Wüste, Araber, Hijab, Djihad oder die andere Art, sich zu kleiden, dunkle Haut, Religion, religiösen Fanatismus, Krieg, Aggression sowie fehlenden Respekt gegenüber Frauen (Abou Saleh 2003-2016). Im Bewusstsein der polnischen Studierenden herrscht also ein negatives Bild der muslimischen Kultur vor. Verbunden wird es vor allem mit Religion, wobei besonders die mit großer Intensität auftretende Gleichsetzung von Islam und Krieg, Aggression oder Fanatismus bemerkenswert ist.

3. Ein Blick auf die unterschiedlichen Einflussfaktoren

3.1. Die Rolle der Medien

Hinsichtlich der Ergebnisse gilt es zu bedenken, dass die Untersuchungen in einem Zeitraum durchgeführt wurden, in dem von islamistischen Extremisten verübte Terrorakte fester Bestandteil unserer Realität geworden sind. Ebenso ist es heute erklärtes Ziel vieler Politikerinnen und Politiker und der wichtigsten Staatsoberhäupter der Welt, der Radikalisierung religiöser Haltungen entgegenzuwirken und Staaten und Organisationen zu bekämpfen, die extreme, dem Westen gegenüber feindlich eingestellte islamistische Splittergruppen unterstützen. Dieses Ziel wird inzwischen von der internationalen Öffentlichkeit unterstützt und ist somit ein häufiges Thema der Medienberichterstattung geworden, besonders natürlich nach den tragischen Ereignissen in New York, London, Paris oder Brüssel. Die Nebenwirkung der aktuellen Informationsflut aber ist, dass im Bewusstsein der Bevölkerung schnell das Bild vom „Muslim mit Maschinengewehr" entsteht, der zum „heiligen Krieg" aufruft. Und dies trifft nicht nur für Polen zu. Schematische Botschaften, die nur auf Teilaspekten der Realität beruhen und die aufgrund der akuten Aktualität ausgewählt werden, stellen mittlerweile eine eigenständige Kommunikationsform dar, mit der die meisten der modernen Gesellschaften in Berührung kommen. Ihre Reichweite ist umso größer und dauerhafter, je geringer das reale Wissen der Rezipientinnen und Rezipienten über die Welt ist und je geringer die Möglichkeiten sind, die übermittelten Informationen selbständig zu verifizieren.

Zur ausgewogenen Analyse und Bewertung der Berichterstattung wären persönliche und häufige Kontakte zu Angehörigen anderer Kulturen hilfreich. Polinnen und Polen, die in hohem Maße von einer monoethnischen Gesellschaftsstruktur geprägt sind, haben in der deutlichen Mehrheit allerdings keine derartigen Erfahrungen. Aus meinen Untersuchungen geht hervor, dass nur ein geringer Prozentsatz der polnischen Bevölkerung Menschen arabischer Herkunft persönlich kennt. Vergleichbar sind auch die Daten über Kontakte zur muslimischen Community: Von den 2.047 jungen Polinnen und Polen, die an der Untersuchung teilnahmen, gaben gerade einmal 17 bzw. 19 Personen an, einen Menschen muslimischen Glaubens zu kennen. Noch niedrigere Ergebnisse wurden bei der Frage nach allgemeinem Wissen über Musliminnen und Muslime und Menschen aus arabischen Ländern erzielt – lediglich 11 der Befragten gaben an, über ein ausreichendes Wissen zu verfügen (Abou Saleh 2003-2016).

3.2. Die Rolle der im Ausland lebenden Polinnen und Polen

Woher aber, außer aus den Medien, stammen dann das Wissen sowie die Ansichten und Vorstellungen der Polinnen und Polen zum Islam sowie zu Musliminnen und Muslimen? Bei der Befragung stellte sich heraus, dass ein wichtiger Faktor der interkulturellen Meinungsbildung in Polen polnische Landsleute sind, die in Westeuropa leben: Vornehmlich in den Ländern, in denen der Anteil von Menschen muslimischen Glaubens an der Gesamtbevölkerung zunimmt und die zu den Hauptzielländern für Geflüchtete aus dem Nahen Osten und aus Nordafrika zählen. Für die meisten polnischen Erwerbsmigrantinnen und -migranten in Westeuropa ist der ständige Kontakt zu einer der zahlreichen Gruppen, die andere Wertvorstellungen haben und andere kulturelle Werte vertreten, eine neue Erfahrung. Das erfordert von ihnen, dass sie die Regeln einhalten, die in einer multiethnischen Gesellschaft gelten.

Im Laufe vieler Jahre haben sich in Deutschland, Frankreich, Belgien, in den Niederlanden, Italien, Schweden und Großbritannien Schritt für Schritt solche Regeln des Zusammenlebens etabliert. Diese sind allerdings nicht statisch, sondern verändern sich z. B. durch den Zuzug von Geflüchteten (vielfach mit muslimischem Hintergrund). Für die in Westeuropa lebenden Polinnen und Polen kann diese Veränderung ein Wendepunkt in der Wahrnehmung der Musliminnen und Muslime sein – z. B. als Konkurrierende auf dem Arbeitsmarkt oder bei der Erreichung eines gewissen sozialen Standards. Sämtliche mit diesen Fragen verbundenen negativen Erfahrungen prägen das Verhältnis der emigrierten Polinnen und Polen zur muslimischen Minderheit. Ihre emotional eingefärbten Meinungen teilen sie natürlich mit Bekannten und Familienangehörigen in Polen, womit sie auch deren Meinung über Geflüchtete und über den Zuzug von Menschen aus dem Nahen Osten nach Europa beeinflussen.

3.3. Die Rolle von Personen des öffentlichen Lebens

Ferner ist davon auszugehen, dass das Verhältnis der polnischen Bevölkerung zu Musliminnen und Muslimen und die Vorstellungen von ihnen auch von Personen des öffentlichen Lebens, insbesondere von Politikerinnen und Politikern, geprägt werden. Nicht selten werden medial attraktive Thesen und Meinungen zu den Themen Musliminnen und Muslime sowie Geflüchtete formuliert und z. B. von den politischen Parteien instrumentalisiert, um die Aufmerksamkeit und Sympathien von Wählergruppen zu gewinnen. Zudem gewinnen in der Debatte Ideen einer ethnischen und kulturellen Homogenität der Völker an Popularität. Wenn vor potenziellen Gefahren vonseiten der Zuwandernden gewarnt wird, wird oft auf die eigene Partei als Garant für Sicherheit verwiesen. Dabei wird nicht immer ein der Wahrheit entsprechendes Bild vom Islam und seinen Anhängerinnen und Anhängern propagiert. Vielmehr stehen öffentliche Aufmerksamkeit und aktuelle politische Erfolge im Fokus, wenngleich dadurch die Verunsicherung in der Bevölkerung wächst. Fatal ist, wenn sich die entfachten Ängste und das Gefühl einer Gefahr als Elemente erweisen, die im gesellschaftlichen Bewusstsein erstaunlich beständig sind:

> „In den Massenmedien wird das Bild von Muslimen im Wesentlichen von selbst ernannten Experten, Journalisten und Literaten geprägt, die in den Vorratskammern der Außergewöhnlichkeit und Extremität stöbern und nach Sensationsmeldungen suchen, um ihr Bild attraktiver zu machen und mit der gut bekannten Farbe von Stereotypen und Vorurteilen zu kolorieren. Das ist hochwertige Farbe, die nur schwer zu übermalen oder zu ändern ist" (Abou Saleh/Bodziany 2016: 303).

Die Umfragen, die vom polnischen Meinungsforschungsinstitut CBOS durchgeführt wurden, zeigen ebenfalls, dass die gegenwärtige Einstellung der Polinnen und Polen gegenüber Musliminnen und Muslimen eindeutig negativ ist. Die Befragten halten „Araber" konsequent für eine der unsympathischsten Gruppen (CBOS 2003, 2004, 2005, 2007, 2008, 2010). Darüber hinaus haben die letzten

Untersuchungen des Verhältnisses von Polinnen und Polen zu Andersgläubigen sowie zu nicht gläubigen Menschen gezeigt, dass die muslimische Community für 44 % der Polinnen und Polen die unbeliebteste Gruppe unter den in der Untersuchung zu bewertenden acht Gruppen ist – nicht einmal 25 % bewerteten sie positiv (Stefaniak 2015: 4). Allein die Möglichkeit, auf Anhängerinnen und Anhänger des Islams zu treffen, auf Menschen, die – vielleicht! – andere Bräuche haben könnten, rief bei einem Teil der befragten polnischen Bevölkerung eine Art emotionale Erschütterung hervor und verwandelte natürliche und rationale Zweifel in Angst.

4. Gibt es eine polnische Besonderheit in der Debatte?

Polen ist hierbei allerdings keine Ausnahme – Angst und Arabophobie sowie Islamophobie und Muslimfeindlichkeit sind praktisch in ganz Europa in ähnlicher Ausprägung zu sehen. Die polnische Besonderheit dieses Phänomens ist aber, dass Haltungen und Reaktionen dieser Art sich in einem Land verstärken, in dem es so gut wie gar keine Migrantinnen und Migranten aus muslimisch geprägten Herkunftsländern gibt. Geflüchtete und Musliminnen und Muslime sind in der Debatte bereits zu Gegnerinnen und Gegnern gemacht worden, bevor sie überhaupt nach Polen gekommen sind. Da verwundert es nicht, dass die polnische Bevölkerung angefangen hat, sich vor ihnen zu fürchten. Viele unterdrücken diese Gefühle in sich, manche gehen auf die Straße, um zu protestieren, bei wieder anderen Teilen der polnischen Bevölkerung vermengen sich Erstaunen und Scham mit Ratlosigkeit.

In den letzten Jahren sind etwa eine Million Menschen aus der Ukraine nach Polen gekommen, hauptsächlich auf der Suche nach Arbeit und auf der Flucht vor dem Krieg. Trotz der manchmal schwierigen Beziehungen in der Geschichte beider Länder kommt es heutzutage nicht zu Konflikten in den polnisch-ukrainischen Beziehungen. Es kann also nicht von einer feindlichen Einstellung der Polinnen und Polen gegenüber Zuwandernden aus dem unmittelbaren Osten gesprochen werden. Allerdings sind Ukrainerinnen und Ukrainer Einwandernde aus einem Land mit ähnlicher Kultur, ähnlichen Traditionen, ähnlicher Geschichte und – was sehr wichtig ist – einer sehr ähnlichen, also für die meisten Polinnen und Polen verständlichen Sprache.

Neben Menschen aus der Ukraine gibt es in Polen auch eine ständig wachsende Gruppe von Migrantinnen und Migranten aus Asien, hauptsächlich aus Vietnam, China, Korea oder Japan. Bestimmt treten auch mit Menschen dieser Gruppen unterschiedliche Konflikte auf, die das Ergebnis deutlicher kultureller Unterschiede sind. Gesellschaftlich ruft ihre Anwesenheit in Polen jedoch nicht annähernd die Reaktionen hervor, mit denen sich die muslimische Bevölkerung Polens konfrontiert sieht.

Es kann also keinesfalls von einem generellen Unwillen der polnischen Bevölkerung gegenüber Einwandernden aus anderen Kulturen gesprochen werden. Ebenso entbehrt die These, Polinnen und Polen seien gegenüber anderen Völkern verschlossen, jeglicher Grundlage. Die taiwanesische Schriftstellerin Wei-Yun Lin-Górecka, die seit mehr als zehn Jahren in Polen lebt, stellt ebenfalls fest, dass Polinnen und Polen zu Ausländerinnen und Ausländern generell freundlich, gastfreundlich und herzlich sind, dass sich ihre Haltung aber radikal ändert, wenn es darum geht, dass eventuell eine Gruppe Geflüchteter muslimischen Glaubens nach Polen kommen könnte. In diesem Zusammenhang fragt auch Lin-Górecka sich: Inwieweit ist der Unwillen respektive die Angst gegenüber Musliminnen und Muslimen wirklich mit dem Gefühl der Gefährdung der eigenen Subjektivität, der ökonomischen Stabilität und der kulturellen Identität verbunden? Oder resultiert die Angst nicht vielmehr aus Missverständnissen und Unwissen sowohl über Islam als auch über Geflüchtete? Werden nicht vielleicht in der Heftigkeit der negativen Einstellung gegenüber der muslimischen Bevölkerung die Emotionen der polnischen Bevölkerung über die Probleme ihres eigenen Landes sichtbar (Lin-Górecka 2016)?

5. Von innen und außen – ein persönlicher Blick auf die polnische Gesellschaft

Als Vertreter einer nationalen Minderheit, die die Ereignisse in Polen gewissermaßen von außen betrachtet, kann ich ebenfalls bestätigen, dass es sich bei der Beziehung der polnischen zur muslimischen Bevölkerungsgruppe um eine Ausnahme handelt: Woher kommt der so hohe Prozentsatz von Polinnen und Polen, die sich gegenüber Musliminnen und Muslimen negativ äußern? Hat die polnische Bevölkerung rationale Gründe, Angst vor Musliminnen und Muslimen zu haben und ihre Haltungen ihnen gegenüber zu radikalisieren? Die große Mehrheit in Polen hat nie jemanden aus einem arabischen Land getroffen und Musliminnen und Muslime kennt sie nur aus Medienberichten, in denen sie oft im Kontext von Terrorismus, Verbrechen und Frauendiskriminierung dargestellt werden. Eine solche Berichterstattung kann aber offensichtlich Ängste vor Fremden begründen und die Überzeugung prägen, dass das Eintreffen muslimisch gläubiger Geflüchteter zu einem Anstieg von Kriminalität und Terrorakten führt und einen Verteilungskampf um den gemeinsamen, physischen und kulturellen Raum und somit eine Krise des Staates nach sich zieht. Verstärkt werden diese Ängste durch widersprüchliche Äußerungen von Spitzenpolitikerinnen und -politikern, das Fehlen überzeugender Maßnahmen von Seiten der internationalen Organisationen und die schwierige – oftmals unverständliche – politische und wirtschaftliche Lage in Europa und in der Welt.

Ich gebe zu, dass dieses besondere Bündnis des Unwillens gegenüber einem virtuellen Feind für mich unverständlich ist. Ich erinnere mich gut an die Wende der 1980er- zu den 1990er-Jahren. Damals war ich Vorsitzender des Komitees Ausländischer Studierender in Wrocław. An den hiesigen Hochschulen wurden damals etwa 1.500 bis 2.000 Ausländerinnen und Ausländer ausgebildet, in ganz Polen etwa 25.000 bis 30.000. Die meisten von ihnen stammten aus Ländern mit einem großen muslimischen Bevölkerungsanteil: Irak, Syrien, Tunesien, Algerien, Marokko sowie aus den palästinensischen Gebieten. Viele von ihnen integrierten sich, gründeten hier Familien, leben und arbeiten in Polen. Damals hatte ich das Gefühl, dass das Zusammentreffen mit einer bisher unbekannten Kultur und Mentalität, Kontakte zu anderen Gebräuchen für beide Seiten interessant und vorteilhaft waren. Es gab selbstverständlich Missverständnisse, aber diese betrafen v. a. individuelle Beziehungen. In der täglichen Praxis waren kaum Spuren einer negativen Haltung gegenüber Menschen aus dem Ausland respektive gegenüber der Gruppe der Musliminnen und Muslime wahrzunehmen.

Wie die meisten von uns, war ich bereits Zeuge bzw. Beteiligter von schwierigen, traumatischen, manchmal unverständlichen Ereignissen, aber eine solche Situation, wie wir sie gegenwärtig in Polen beobachten, habe ich noch nicht erlebt. Ich bin, nachdem ich Land und Leute seit mehr als dreißig Jahre kenne, über so manche Äußerungen und Handlungen meiner polnischen Landsleute überrascht. Weder eine so abweisende Haltung gegenüber Musliminnen und Muslimen und Geflüchteten noch deren Intensität habe ich erwartet; geschweige denn, den

Grad ihrer Verbreitung. Ich sehe sogar eine erstaunliche Abgrenzung eines großen Teils der polnischen Bevölkerung gegenüber Musliminnen und Muslimen.

Es ist nicht selten, dass Menschen, wenn sie mit einem bisher unbekannten Problem konfrontiert werden, Haltungen einnehmen, die sie selbst überraschen. Eine solche Entwicklung ist derzeit in Polen zu beobachten, wo auf Schlagworte wie „Geflüchtete" und „Migranten" rein emotional reagiert wird. Dies ist umso interessanter, da eine vermehrte Zuwanderung von Musliminnen und Muslimen als eher unwahrscheinlich gilt. Polen ist kein attraktives Einwanderungsland, da es sich hier deutlich schwieriger lebt als in Westeuropa und die Bedingungen, die potenziellen Geflüchteten geboten werden – einschließlich der staatlichen Sozialfürsorge – deutlich schlechter sind als in anderen Ländern. Dies ändert aber nichts an der Tatsache, dass für einen Teil der polnischen Bevölkerung die Vorstellung von Musliminnen und Muslimen von indirekten Informationen, zahlreichen Simplifizierungen und emotionalen Meinungen geprägt ist, die inzwischen zu einer funktionierenden Art subjektiver Wahrheit geworden sind.

Wichtig ist, die Ängste vor Geflüchteten und Musliminnen und Muslimen nicht zu ignorieren – auf welchen Quellen sie auch immer beruhen, denn sie zeugen von der mentalen und kulturellen Verfassung des heutigen Polens. Ich liebe meine Landsleute, muss jedoch zugeben, dass sie eine Vorliebe für Jammern und Defätismus haben. Diese Vorliebe mindert ihre positive Selbstwahrnehmung und bewirkt zunehmende Respektlosigkeit gegenüber anderen Menschen. Diese Tatsache wird leider begleitet von einem geringen Wissen über fremde Kulturen und Religionen. Entsprechend schwierig und vermutlich wenig positiv wird sich auch die Integrationsdebatte in Polen gestalten.

Als Soziologe mit einer Neigung zur Psychologie füge ich allen Fragen immer eine weitere hinzu: Warum fühlen sich Musliminnen und Muslime und Menschen arabischer Herkunft in Polen wohl – trotz der ungünstigen rechtlichen Bedingungen für Migrantinnen und Migranten und trotz der relativen Intoleranz und des nationalen Chauvinismus?

Ich lebe bereits 33 Jahre in Polen und ich identifiziere mich mit diesem Land. Es gibt allerdings Situationen, die ich nicht verstehe. Warum sind so viele Polinnen und Polen misstrauisch, intolerant und traurig? In all den Jahren, in denen ich in Polen lebe, habe ich nicht bemerkt, dass Muslimsein ein wesentliches Integrationshindernis darstellen könnte. Das Verhältnis zueinander hat sich seit den

1980/90er-Jahren verändert: Misstrauen und Unmut z. B. gegenüber Zuwandernden aus dem Nahen Osten sind gestiegen, Fremdenfeindlichkeit sowie physische Gewalt gegenüber Migrantinnen und Migranten nehmen zu. Wenngleich es sich bislang um Einzelfälle handelt, die keine breite Zustimmung in der Bevölkerung finden, sind sie aufmerksam zu betrachten und hinsichtlich ihrer Ursachen zu analysieren.

Ich glaube, dass Polen heute eine schwierige Zeit durchmacht. Einerseits herrschen Angst und das Gefühl der Vereinsamung und des Verlorenseins in einer Welt vor, die sich nach schwierigen, oft unverständlichen Prinzipien richtet. Andererseits zeigt sich der deutliche Wille, seine Rechte geltend zu machen, die eigenen Bedürfnisse durchzusetzen und gegen die Widersprüchlichkeit der fortschreitenden Globalisierung zu protestieren. Bisherige Normen werden in gewisser Weise geschwächt, Werte werden neu definiert, Hierarchien verändern sich. Vielleicht finden deshalb radikale Ideen Gehör, taucht deshalb der Wille auf, ein Gefühl der Sicherheit durch Isolation aufbauen zu müssen. Dann wird die Präsenz von Menschen mit anderen Ansichten, anderer ethnischer Herkunft und anderen Gebräuchen zum Problem, mit dem wir alle konfrontiert werden – auch die Verfechter und Verfechterinnen einer offenen Gesellschaft.

6. Unwissen, Unsicherheit, Angst – ein ernüchterndes Fazit?

Die komplizierten gesellschaftlichen und kulturellen Prozesse sind für die Beteiligten oft mit zahlreichen Frustrationen verbunden. Viele können dem Druck der Veränderung nicht standhalten. Meiner Meinung nach resultieren der Unwille beziehungsweise das fehlende Vertrauen der polnischen Bevölkerung gegenüber der muslimisch gläubigen Minderheit daraus, dass gerade solche Spannungen erlebt werden. Sie sind kein eindeutiger Ausdruck von Feindseligkeit, sondern zeugen eher von der Intensität der Erfahrungen. Beispielhaft dafür ist die gesellschaftlich verbreitete Unruhe, die in Polen von der rein theoretischen Möglichkeit hervorgerufen wird, dass mehrere Tausend muslimische Einwandernde kommen könnten – was, wie gesagt, aus der Perspektive eines viele Millionen zählenden, ethnisch homogenen Volkes eine wirklich zu vernachlässigende Menge wäre.

Soziologisch gesehen ist das polnische Hauptproblem also weniger die Frage der Zuwanderung an sich, als vielmehr die Einstellung der einheimischen Bevölkerung. Denn Angst und Unwillen können als Zeichen für Schwäche und mangelndes Selbstbewusstsein, geringen Glauben an die Beständigkeit und Richtigkeit der eigenen Ansichten interpretiert werden. Innere Unruhe manifestiert sich in Hass oder Feindseligkeit. Dabei geht es weniger um Geflüchtete, die ohnehin nicht planen, nach Polen zu kommen, als um die polnische Gesellschaft selbst. Es geht um ihr Gefühl von Souveränität und Identität und um den Umgang mit ihren Traditionen und ihrer Kultur.

Manche Gesellschaften reagieren auf diese Herausforderungen mit einem Prozess kreativer Veränderung. Länder hingegen, die sich dem Wandel lange und in vielen Lebensbereichen verschlossen haben, verlieren diese natürliche Dynamik und unterliegen einer Deformation. Eine ernsthaft geführte Diskussion über den Zuzug und die Integration von Geflüchteten ist in Europa – darunter, selbstverständlich, auch in Polen – unabdingbar. Sie ist eine Form der Autoreflexion, eine Gelegenheit, eventuell Bedürfnisse neu zu definieren, die Möglichkeiten abzuschätzen, sie zu realisieren, den eigenen, richtigen Ort in der heutigen Welt zu bestimmen.

Wie gezeigt, wird das gegenwärtige Verhältnis der polnischen Bevölkerung zu Menschen muslimischen Glaubens von vier Hauptfaktoren bestimmt: Von historisch-kulturellen und politisch-medialen Faktoren sowie von der Angst vor islamistischem Terror und von den Erfahrungen der im westeuropäischen Ausland lebenden Polinnen und Polen. Zum gegenwärtigen Zeitpunkt scheint mir die Veränderung des öffentlichen Diskurses das wichtigste Ziel zu sein, weg von den bisher am häufigsten angesprochenen Fragen der Sicherheit, des Terrorismus und schwer vorherzusehenden Problemen. Natürlich müssen die tatsächlichen und potenziellen Herausforderungen und Gefahren thematisiert werden, aber in den der Wahrheit entsprechenden Proportionen. Im Vordergrund stehen sollten vielmehr die Chancen, die eine kulturelle Öffnung mit sich bringen kann.

Literaturverzeichnis

Abou Saleh, Z., 1992 bis 1996: Eigene Forschungen des Autors, in Vorbereitung zur Publikation.

Abou Saleh, Z., 2003 bis 2016: Eigene Forschungen des Autors, in Vorbereitung zur Publikation.

Abou Saleh, Z. / Bodziany, M., 2016: The Clash or Complementarity of Cultures? Research Political Problem using the Example of Poland and the Arab Countries. S. 303-334 in A. Szerląg / J. Pilarska / A. Urbanek, Atomization or Integration? Transborder Aspects of Multipedagogy. Cambridge Scholars Publishing.

Abrashi, A. / Sander, A. / Larsson, G., 2016: Islamophobia in Sweden: National Report 2015. S. 491-525 in E. Bayrakli / F. Hafez (Hrsg.), European Islamophobia Report 2015. Istanbul: SETA.

Adida, C. L. / Laitin, D. D. / Valfort, M.-A., 2011: „One Muslim is Enough". Evidence from a Field Experiment in France. Bonn: Forschungsinstitut zur Zukunft der Arbeit.

[FRA] Agentur der Europäischen Union für Grundrechte, 2008: Muslime in der Europäischen Union. Diskriminierung und Islamophobie. Wien.

[FRA] Agentur der Europäischen Union für Grundrechte, 2009: Data in Focus Report Muslims. Wien.

[FRA] Agentur der Europäischen Union für Grundrechte, 2011: Migranten, Minderheiten und Beschäftigung. Ausgrenzung und Diskriminierung in den 27 Mitgliedstaaten der Europäischen Union. Aktualisierung 2003-2008. Wien.

Agerström, J. / Rooth, D.-O., 2009: Implicit Prejudice and Ethnic Minorities: Arab-Muslims in Sweden. International Journal of Manpower 30(1/2): 43-55.

Ahmed, S. / Matthes, J., 2017: Media representation of Muslims and Islam from 2000 to 2015: A meta-analysis. The International Communication Gazette 79(3): 219-244.

Ainz Galende, A., 2011: La percepción de las mujeres veladas sobre su inserción en el mercado laboral español: Un estudio longitudinal. Cuadernos interculturales 9(17): 187-198.

Akkerman, T., 2015: Gender and the radical right in Western Europe: A comparative analysis of policy agendas. Patterns of Prejudice 49(1-2): 37-60.

Literaturverzeichnis

Aláez Corral, B., 2011: Reflexiones jurídico constitucionales sobre la prohibición del velo islámico integral en Europa. Teoría y Realidad Constitucional 28: 1483-1520.

Alam, Y. / Husband, C., 2013: Islamophobia, community cohesion and counter-terrorism policies in Britain. Patterns of Prejudice 47(3): 235-252.

Allen, C. (Hrsg.), 2010: Islamophobia. Farnham: Ashgate Publishing Limited.

Allen, C., 2011: Opposing Islamification or promoting Islamophobia? Understanding the English Defence League. Patterns of Prejudice 45(4): 279-294.

Allen, C., 2014: Anti-Social Networking: Findings From a Pilot Study on Opposing Dudley Mosque Using Facebook Groups as Both Site and Method for Research. SAGE Open (January – March): 1-12. http://journals.sagepub.com/doi/pdf/10.1177/2158244014522074 (18.07.2017).

Ansari, H. / Hafez, F., 2012: Introduction. S. 7-28 in H. Ansari / F. Hafez (Hrsg.), From the Far Right to the Mainstream. Islamophobia in Party Politics and the Media. Frankfurt am Main: Campus Verlag.

Aouragh, M., 2014: Refusing to be Silenced: Resisting Islamophobia. Thamyris/Intersecting 27: 355-374.

Attia, I. / Häusler, A. / Shooman, Y., 2014: Antimuslimischer Rassismus am rechten Rand. unrast transparent – rechter rand. Band: 14. Münster: Unrast Verlag.

ASPRAMUR, 2012: Seguridad y salud laboral entre la población musulmana durante el Ramadán. Informe sobre los riesgos laborales del trabajador musulmán durante el mes del Ramadán en la Región de Murcia. Murcia: ASPRAMUR.

Awan, I., 2014: Islamophobia and Twitter. A Typology of Online Hate Against Muslims on Social Media. Policy & Internet 6(2): 133-150.

Awan, I., 2016: Islamophobia on Social Media: A Qualitative Analysis of the Facebook´s Walls of Hate. International Journal of Cyber Crimonology 10(1): 1 20.

Awan, I. / Zempi, I., 2015a: „I will Blow your face off" – Virtual and Physical World Anti-Muslim Hate Crime. British Journal of Criminilogy 57(2): 362-380.

Awan, I. / Zempi, I., 2015b: We fear for our lives. Offline and Online Experiences of Anti-Muslim Hostility. https://www.tellmamauk.org/wp-content/uploads/resources/We%20Fear%20For%20Our%20Lives.pdf (18.07.2017).

Bangstad, S., 2016: Islamophobia in Norway: National Report 2015. S. 401-421 in E. Bayrakli / F. Hafez (Hrsg.), European Islamophobia Report 2015. Istanbul: SETA.

Barrios Baudor, G. L. / Jiménez-Aybar, I., 2006: La conciliación entre la vida laboral y la práctica de la religión musulmana en España. Un estudio sobre la aplicación del Acuerdo de cooperación con la Comisión Islámica de España y otras cuestiones relacionadas. Revista de Trabajo y Seguridad Social (274): 3 42.

Bartlett, J. / Birdwell, J. / Littler, M., 2011: „The rise of populism in Europe can be traced through online behavior...". The New Face of Digital Populism. London: Demos.

Bayrakli, E. / Hafez, F. (Hrsg.), 2016a: European Islamophobia Report 2015. Istanbul: SETA.

Bayrakli, E. / Hafez, F., 2016b: Introduction. S. 5-8 in E. Bayrakli / F. Hafez (Hrsg.), European Islamophobia Report 2015. Istanbul: SETA.

Bax, D., 2015: Islamfeindlichkeit als Integrationsangebot an Migranten. In: Pfeffer-Hoffmann, C. / Logvinov, M., 2016: Muslimfeindlichkeit und Migration. Thesen und Fragen zur Muslimfeindlichkeit unter Eingewanderten. Berlin: Mensch und Buch. S. 103-107.

Benedí La Huerta, S., 2012: La regulación del uso del velo integral. ¿Qué modelo adoptar en España? Revista General de Derecho Canónico y Derecho Eclesiástico del Estado (28).

Bermejo Laguna, J. M., 2016: Ideologias en conflicto en el Siglo XXI: Islamofobia vs. Occidentalofobia. Revista de Paz y Conflictos 9(1): 133-156.

Bevelander, P. / Otterbeck, J., 2012: Islamophobia in Sweden: Politics, representations, attitudes and experiences. S. 70-82 in M. Helbling (Hrsg.), Islamophobia in the West. Measuring and explaining individual attitudes. New York: Routledge.

Bleich, E., 2009: Where do Muslims stand on ethno-racial hierarchies in Britain and France? Evidence from public opinion surveys, 1998-2008. Patterns of Prejudice 43(3-4): 379-400.

Bleich, E., 2011: What Is Islamophobia and How Much Is There? Theorizing and Measuring an Emerging Comparative Concept. American Behavioral Scientist 55: 1581-1600.

Bleich, E., 2012: Free Speech or Hate Speech? The Danish Cartoon Controversy in the European Legal Context. S. 113–128 in K. Khory (Hrsg.), Global Migration: Challenges in the Twenty-First Century. New York: Palgrave Macmillan.

Bleich, E. / Maxwell, R., 2012: Assessing Islamophobia in Britain: Where do Muslims really stand? S. 39-55 in M. Helbling (Hrsg.), Islamophobia in the West. Measuring and explaining individual attitudes. New York: Routledge.

Bloul, R. A. D., 2008: Anti-discrimination Laws, Islamophobia, and Ethnicization of Muslim Identities in Europe and Australia. Journal of Muslim Minority Affairs 28(1): 7-25.

Bonino, S., 2013: Preventing Muslimness in Britain: The Normalisation of Exceptional Measures to Combat Terrorism. Journal of Muslim Minority Affairs 33(3): 385-400.

Bracke, S., 2014: The End of Tolerance: Islam and the Transformations of Identity and Secularism in the Netherlands. S. 360-367 in F. Peter / R. Ortega (Hrsg.), Islamic Movements of Europe. Public Religion and Islamophobia in the Modern World. London: I. B. Tauris.

Bravo López, F., 2013: Islamofobia. Acerca de la continuidad y el cambio en la tradición antimusulmana. Historia Social 75: 41-61.

[BAMF] Bundesamt für Migration und Flüchtlinge, 2009: Muslimisches Leben in Deutschland. Im Auftrag der Deutschen Islamkonferenz. Forschungsbericht 6. Nürnberg.

[BAMF] Bundesamt für Migration und Flüchtlinge, 2016: Wieviel Muslime leben in Deutschland? Eine Hochrechnung über die Anzahl der Muslime in Deutschland zum Stand 31. Dezember 2015. Im Auftrag der Deutschen Islamkonferenz. Working Paper 71. Nürnberg.

Carr, J., 2011: Regulating Islamophobia: The Need for Collecting Disaggregated Data on Racism in Ireland. Journal of Muslim Minority Affairs 31(4): 575 593.

Casani Herranz, A., 2016: Islamophobia in Spain. National Report 2015. Istanbul: Foundation for Political, Economic and Social Research (SETA).

[CBOS] Centrum Badania Opinii Społeczej: Umfragen zum Islam und zu Muslimen in Polen aus den Jahren 2003, 2004, 2005, 2007, 2008, 2010.http://www.cbos.pl/PL/home/home.php (18.07.2017).

Cea D´Ancona, Mª Á. / Valles Martínez, M. S., 2015: Evolución del racismo, la xenofobia y otras formas conexas de intolerancia en España (Informe-Encuesta 2014). Madrid: Ministerio de Empleo y Seguridad Social.

Centro de Estudios Jurídicos. Ministerio de Justicia, 2016: Memoria elevada al Gobierno de S.M. presentada al inicio del año judicial por la Fiscal General del Estado Excma. Sra. Doña Consuelo Madrigal Martínez-Pereda. Madrid: Centro de Estudios Jurídicos. Ministerio de Justicia.

Cheng, J. E., 2015: Islamophobia, Muslimophobia or racism? Parliamentary discourses on Islam and Muslims in debates on the minaret ban in Switzerland. Discourse & Society 26(5): 562-586.

Ciftci, S., 2012: Islamophobia and Threat Perceptions: Explaining Anti-Muslim Sentiments in the West. Journal of Muslim Minority Affairs 32(3): 293-309.

Clements, B., 2013: Explaining Public Attitudes towards the Integration of Muslims in British Society: The „Solidarity of the Religious"? Journal of Contemporary Religion 28(1): 49-65.

[CCIF] Collectif contre l´Islamophobie en France, 2016: Report 2016. Paris.

ComRes, 2015: Muslim Poll. Telephone Fieldwork: 26th January – 20th February 2015. http://www.comresglobal.com/wp-content/uploads/2015/02/BBC-Today-Programme_British-Muslims-Poll_FINAL-Tables_Feb2015.pdf (03.07.2017).

Council of Europe – Parliamentary Assembly, 2010: Islam, Islamism and Islamophobia in Europe. Resolution 1743 (2010) Final version. http://www.assembly.coe.int/nw/xml/XRef/Xref-XML2HTML-EN.asp?fileid=17880&lang=en (03.07.2017).

Cousin, B. / Vitale, T., 2012: Italian Intellectuals and the Promotion of Islamophobia after 9/11. , S. 47-65 in G. Morgan / S. Poynting (Hrsg.), Global Islamophobia. Muslims and Moral Panic in the West. Farnham: Ashgate Publishing Limited.

Dekker, H. / van der Noll, J., 2012: Islamophobia and its explanation. S. 112-123 in M. Helbling (Hrsg.), Islamophobia in the West. Measuring and explaining individual attitudes. New York: Routledge.

De No Vázquez, M. F., 2004: Poligamia y pensión de viudedad. Actualidad Laboral (13-22): 1899-1910.

De Paz Martín, J., 2011: Mujer extranjera y derecho de familia: A vueltas con la poligamia el repudio. Estudios sobre género y extranjería. Albacete: Editorial Bomarzo.

Desdentado Aroca, E., 2009: Pensión de viudedad y poligamia: Un problema sin resolver. Revista de Seguridad Social y Laboral (228): 22-27.

Desrues, Th., 2008: Percepciones del Islam y de los musulmanes en los Medios de comunicación en España. Vortrag vom 11.11.2008. http://digital.csic.es/bitstream/10261/30745/1/Thierry%20Desrues%20El%20dialogo%20intercultural.%20Un%20reto%20para%20las%20creencias%20y%20las%20convicciones.pdf (18.07.2017).

De Val Tena, A. L., 2003: Poligamia y pensión de viudedad, a propósito de la Extrensión del concepto de beneficiario. Comentario a la STSJ de Galicia de 2 de abril 2002. Actualidad Laboral (1): 47-58.

Díaz Aznarte, M. T., 2013: Multiculturalismo y pensión de viudedad. El reconocimiento de la pensión a las distintas beneficiarias supervivientes de matrimonios polígamos. In M. N. Moreno Vida / J. L. Monereo Pérez / M. T. Días Aznarte (Hrsg.), La pensión de viudedad. Una necesaria reforma ante los cambios en las estructuras familiares. Granada: Comares.

Dizdarević, S. M., 2016: Islamophobia in the Czech Republic: National Report 2015. S. 115-129 in E. Bayrakli / F. Hafez (Hrsg.), European Islamophobia Report 2015. Istanbul: SETA.

Doving, C. A., 2015: The Way they treat their Daughters and Wives: Racialisation of Muslims in Norway. Islamophobia Studies Journal 3(1): 62-77.

Dumouchel, P., 2010: Banning the Burqa? Other Views, Views from Afar. Esprit 10: 14-24.

Echebarria-Echabe, A. / Fernández Guede, E., 2006: Effects of Terrorism on Attitudes and Ideological Orientation. European Journal of Social Psychology 36(2): 259-265.

Echebarria-Echabe, A. / Fernández Guede, E., 2007: A New Measure of Anti-Arab Prejudice: Realiability and Validity Evidence. Journal of Applied Psychology 37(5): 1077-1091.

Literaturverzeichnis

El Confidencial, 30.06.2016a: La exitosa integración de inmigrantes peligra por quejas del trato policial. http://www.elconfidencial.com/ultima-hora-en-vivo/2016-06-30/la-exitosa-integracion-de-inmigrantes-peligra-por-quejas-del-trato-policial_953365/ (06.02.17).

El Confidencial, 08.08.2016b: Dos millones de fieles y subiendo: rafiografía del islam en España. http://www.elconfidencial.com/espana/2016-08-08/islam-espana-musulmanes-coran-ramadan_1242782/ (06.02.17).

Ellis, L., 2010: Only three women in Denmark wear burqa. University Post. https://uniavisen.dk/en/only-three-women-in-denmark-wear-burqa/ (03.07.2017).

El Mundo, 30.04.2016: Se multiplican por seis los casos de ‚islamofobi' en España. http://www.elmundo.es/comunidad-valenciana/2016/04/30/5724d0c946163f254e8b45a3.html (06.02.17).

El País, 08.01.2015: Rajoy: „No temo a la islamofobia en España, el enemigo es el terrorismo". http://politica.elpais.com/politica/2015/01/08/actualidad/1420726212_387500.html (06.02.17).

Ernst, D. / Bornstein, B. H., 2012: Prejudice against Muslims: Associations with personality traits and political attitudes. S. 21-35 in M. Helbling (Hrsg.), Islamophobia in the West. Measuring and explaining individual attitudes. New York: Routledge.

Esteves, O., 2012: „Soft on Islamophobia": A study of media and political discourse in France and Britain (1989-2012). S. 195-205 in H. Ansari / F. Hafez (Hrsg.), From the Far Right to the Mainstream. Islamophobia in Party Politics and the Media. Frankfurt am Main: Campus Verlag.

Esteves, O., 2016: Islamophobia in France: National Report 2015. S. 155-177 in E. Bayrakli / F. Hafez (Hrsg.), European Islamophobia Report 2015. Istanbul: SETA.

Europäische Kommission, 2015: Special Eurobarometer 437. Discrimination in the EU in 2015. Strassburg.

[ECRI] European Commission Against Rascism and Intolerance, 2012: ECRI Report on Sweden (fourth monitoring cycle). Strassburg.

[ECRI] European Commission Against Rascism and Intolerance, 2013: ECRI Report on the Netherlands. Strassburg.

[ECRI] European Commission Against Rascism and Intolerance, 2014a: ECRI Report on Switzerland (fifth monitoring cycle). Strassburg.

[ECRI] European Commission Against Rascism and Intolerance, 2014b: ECRI Report on Belgium (fifth monitoring cycle). Strassburg.

[ECRI] European Commission Against Rascism and Intolerance, 2015a: ECRI report on Hungary (fifth monitoring cycle). Strassburg.

[ECRI] European Commission Against Rascism and Intolerance, 2015b: ECRI Report on Poland (fifth monitoring cycle). Strassburg.

[ECRI] European Commission Against Rascism and Intolerance, 2015c: ECRI Report on Austria (fifth monitoring cycle). Strassburg.

[ECRI] European Commission Against Rascism and Intolerance, 2015d: ECRI Report on Norway (fifth monitoring cycle). Strassburg.

[ECRI] European Commission Against Rascism and Intolerance, 2015e: ECRI Report on Greece (fifth monitoring cycle). Strassburg.

[ECRI] European Commission Against Rascism and Intolerance, 2016a: ECRI Report on France (fifth monitoring cycle). Strassburg.

[ECRI] European Commission Against Rascism and Intolerance, 2016b: ECRI Report on the United Kingdom (fifth monitoring cycle). Strassburg.

[ECRI] European Commission Against Rascism and Intolerance, 2016c: ECRI Report on Italy (fifth monitoring cycle). Strassburg.

[ECRI] European Commission against Rascism and Intolerance, 2016d: Annual Report on ECRI´S activities covering the period from 1 January to 31 December 2015. Strassburg.

[ECRI] European Commission Against Rascism and Intolerance, 2017: ECRI Report on Denmark (fifth monitoring cycle). Strassburg.

European Court of Human Rights, 2016: Factsheet – Religious symbols and clothing. Strassburg. http://www.echr.coe.int/Documents/FS_Religious_Symbols_ENG.pdf (18.07.2017).

[ENAR] European Network Against Racism, 2016a: Forgotten Women: The impact of Islamophobia on Muslim women. Brüssel.

[ENAR] European Network Against Racism, 2016b: Forgotten Women: The impact of Islamophobia on Muslim women in France. Brüssel.

Literaturverzeichnis

[ENAR] European Network Against Racism, 2016c: Forgotten women: The impact of Islamophobia on Muslim women in Germany. Brüssel.

[ENAR] European Network Against Racism, 2016d: Forgotten women: The impact of Islamophobia on Muslim women in Italy. Brüssel.

[ENAR] European Network Against Racism, 2016e: Forgotten women: The impact of Islamophobia on Muslim women in the Netherlands. Brüssel.

[ENAR] European Network Against Racism, 2016f: Forgotten women: The impact of Islamophobia on Muslim women in the United Kingdom. Brüssel.

[ENAR] European Network Against Racism, 2016g: Forgotten Women: The impact of Islamophobia on Muslim women in Belgium. Brüssel.

Everett, J. A. C. / Schellhaas, F. M. H. / Earp, B. D. / Ando, V. / Memarzia, J. / Parise, C. V. / Fell, B. / Hewstone, M., 2015: Covered in stigma? The impact of differing levels of Islamic head-covering on explicit and implicit biases toward Muslim women. Journal of Applied Psychology 45: 90-104.

Fekete, L., 2010: The New McCarthyism in Europe. Arches Quarterly 7(4): 64-69.

Fernández Suárez, B., 2015: La construcción de la alteridad en los discursos políticos y mediáticos a través del debate sobre el uso de la burka. Revista Internacional de Comunicación y Desarrollo (3): 107-123.

Fernando, M., 2016: Liberté, Egalité, Féminisme? Dissent (Fall): 38-46.

Fetzer, J. S. / Soper, J. C., 2012: An ecological analysis of the 2009 Swiss referendum on the building of minarets. S. 101-111 in M. Helbling (Hrsg.), Islamophobia in the West. Measuring and explaining individual attitudes. New York: Routledge.

Frost, D., 2008: Islamophobia: Examining causal links between the media and „race hate" from „below". International Journal of Sociology 28(11/12): 564-578.

Fourest, C. / Venner, F., 2003: Islamophobie? Pro Choix N°26-27 (Automne-Hiver 2003). http://www.prochoix.org/frameset/26/islamophobie26.html (03.07.2017).

Fundacion BBVA, 06.07.2016: El sociólogo Alejandro Portes pone a España como ejemplo para Europa en la integración de inmigrantes y señala la confianza en las instituciones como clave para el desarrollo económico de un país. http://www.fbbva.es/TLFU/tlfu/esp/noticias/fichanoticia/index.jsp?codigo=1734 (06.02.17).

Gale, R., 2005: Representing the City: Mosques and the Planning Process in Birmingham. Journal of Ethnic and Migration Studies 31(6): 1161-1179.

García Valverde, M. D., 2015: Mujer musulmana en España. Especial consideración del derecho a la pensión de viudedad. Revista Española de Derecho del Trabajo (181): 69-98.

Garner, S. / Selod, S., 2015: The Racialization of Muslims: Empirical Studies of Islamophobia. CRIMIN 41(1): 9-19.

Georg-Eckert-Institut, 2011: Keine Chance auf Zugehörigkeit? Schulbücher europäischer Länder halten Islam und modernes Europa getrennt. Ergebnisse einer Studie des Georg-Eckert-Instituts für internationale Schulbildung zu aktuellen Darstellungen vom Islam und Muslimen in Schulbüchern europäischer Länder. Braunschweig.

Giacalone, C., 2017: Islamophobia in Italy. National Report 2016. S. 295-319 in E. Bayraklı / F. Hafez (Hrsg.), European Islamophobia Report 2016. Istanbul: SETA.

Göle, N., 2011: The public visiblity of Islam and European politics of resentment: The minarets-mosques debate. Philosophy and Social Criticism 37(4): 383-392.

Grosfoguel, R., 2012: The multiple faces of islamophobia. Islamophobia Studies Journal 1(1): 9-33.

Hafez, F., 2012: Jörg Haider and Islamophobia. S. 45-68 in H. Ansari / F. Hafez (Hrsg.), From the Far Right to the Mainstream. Islamophobia in Party Politics and the Media. Frankfurt am Main: Campus Verlag.

Hafez, F., 2014: Shifting borders: Islamophobia as common ground for building pan-European right-wing unity. Patterns of Prejudice 48(5): 479-499.

Hafez, F., 2016: Islamophobia in Austria: National Report 2015. S. 21-47 in E. Bayrakli / F. Hafez (Hrsg.), European Islamophobia Report 2015. Istanbul: SETA.

Halliday, F., 1999: „Islamophobia" reconsidered. Ethnic and Racial Studies 22(5): 892-902.

Heath, A. / Martin, J., 2013: Can religious affiliation explain „ethnic" inequalities in the labour market? Ethnic and Racial Studies 36(6): 1005-1027.

Helbling, M., 2012: Islamophobia in the West. An introduction. S. 1-18 in M. Helbling (Hrsg.), Islamophobia in the West. Measuring and explaining individual attitudes. New York: Routledge.

Helbling, M., 2014: Opposing Muslims and the Muslim Headscarf in Western Europe. European Sociological Review 30(2): 242-257.

Helbling, M. / Traunmüller, R., 2016: How State Support of Religion Shapes Attitudes Toward Muslim Immigrants: New Evidence From a Subnational Comparison. Comparative Political Studies 49(3): 391-424.

Henkel, H., 2014: Denmark. S. 330-343 in F. Peter / R. Ortega (Hrsg.), Islamic Movements of Europe. Public Religion and Islamophobia in the Modern World. London: I. B. Tauris.

Hirsi Ali, A. / Chafiq, C. / Fourest, C. / Lévy B.-H. / Manji, I. / Mozaffari, M. / Namazie, M. / Nasreen, T. / Rushdie, S. / Sfeir, A. / Val, P. / Warraq, I., 2006: Manifeste des douze: "Ensemble contre le nouveau totalitarisme". ProChoixNews. http://www.prochoix.org/cgi/blog/index.php/2006/03/01/412-manifeste-des-douze-ensemble-contre-le-nouveau-totalitarisme (18.07.2017).

Hödl, K., 2010: Islamophobia in Austria: The Recent Emergence of Anti-Muslim Sentiments in the Country. Journal of Muslim Minority Affairs 30(4): 443 456.

Human Rights Watch, 2017: World Report 2017. https://www.hrw.org/sites/default/files/world_report_download/wr2017-web.pdf (18.07.2017).

Hunter-Hein, M., 2012: Why the French don´t like the Burqa: Laicité, national identity and religious freedom. International & Comparative Law Quarterly 61(3): 613-639.

Hussain, Y. / Bagguley, P., 2012: Securitized citizens: Islamophobia, racism and the 7/7 London bombings. The Sociological Review 60(4): 715-734.

Ibarra, E., 2015: Crisis de los refugiados, terrorismo y auge de la islamofobia. Apuntes para el debate. Cuadernos de Análisis (56): 5-21.

Ignacio Bjoernaas, Th., 2015: Saving Muslim Women: A Feminist-postcolonial Critique of Veiling Legislation in Norway. Islamophobia Studies Journal 3: 78-89.

Literaturverzeichnis

IPSOS, 2016: Verschätzt: Wahrnehmung der Deutschen oft abseits der Realität. Presse-Information. https://www.ipsos.com/de-de/verschatzt-wahrnehmung-der-deutschen-oft-abseits-der-realitat (18.07.2017).

Jacobsen, S. J. / Jensen, T. G. / Vitus, K. / Weibel, K., 2012: Analysis of Danish Media setting and framing of Muslims, Islam and racism. Kopenhagen: Danish National Centre for Social Research.

Joppke, C., 2007: Beyond national models: Civic integration policies for immigrants in Western Europe. West European Politics 30(1): 1-22.

Joppke, C., 2009: Veil: Mirror of Identity. Cambridge: Polity Press.

Kalter, F., 2006: Auf der Suche nach einer Erklärung für die spezifischen Arbeitsmarktnachteile Jugendlicher türkischer Herkunft. Zugleich eine Replik auf den Beitrag von Holger Seibert und Heike Solga „Gleiche Chancen dank einer abgeschlossenen Ausbildung". Zeitschrift für Soziologie 35(2): 144-160.

Kaya, S., 2015: Islamophobia in Western Europe: A Comparative, Multilevel Study. Journal of Muslim Minority Affairs 35(3): 450-465.

King, E. / Ahmad, A., 2010: An experimental field study of interpersonal discrimination toward Muslim job applicants. Personnel Psychology 63: 881-906.

Koopmans, R., 2016: Does assimilation work? Sociocultural determinants of labour market participation of European Muslims. Journal of Ethnic and Migration Studies 42(2): 197-216.

Kröhnert-Othman, S., 2016: Islam in Textbooks: Negotiating its core, its diversity and who belongs to it. ECKERT 15: 22-25.

Labaca Zabala, M. L., 2004: La familia polígama y pensión de viudedad. Sentencias de TSJ y AP y otros Tribunales, 19/2004.

Laitin, D., 2010: Rational Islamophobia in Europe. European Journal of Sociology 51(3): 429-447.

Landmann, N. / Wessels, W., 2005: The Visibility of Mosques in Dutch Towns. Journal of Ethnic and Migration Studies 31(6): 1125-1140.

Larsson, K., 2010: Sweden and Anti-Muslim Hysteria. Arches Quarterly 7(4): 70-74.

Laurence, J. / Vaisse, J., 2006: Integrating Islam. Washington: Brookings Institution Press.

La Vanguardia, 22.07.2016: El discurso del odio se normaliza a través de internet. http://www.lavanguardia.com/vida/20160722/403399577291/estudio-racismo-espana-islamofobia.html (06.02.17).

Lee, S. A. / Gibbson, J. A. / Thompson, J. M. / Timani, H. S., 2009: The Islamophobia Scale: Instrument Developement and Initial Validation. International Journal of the Psychology of Religion 19(2): 92-105.

Leman, J., 2012: „Flemish Interest" (VB) and Islamophobia: Political, legal and judicial dealings. S. 69-90 in H. Ansari / F. Hafez (Hrsg.), From the Far Right to the Mainstream. Islamophobia in Party Politics and the Media. Frankfurt am Main: Campus Verlag.

Lentin, A. / Titley, G., 2014: More Proof, If Proof Were Needed: Spectacles of Secular Insistence, Multicultural Failure, and the Contemporary Laundering of Racism. S. 132-151 in R. Braidotti / B. Blaagaard / T. Graauw / E. Midden (Hrsg.), Transformations of Religion and the Public Sphere. Postsecular Publics: Palgrave Macmillan.

Lin-Górecka, W., 2016: Jak żyć w fali nienawiści? – Problemy Polski w XXI wieku [Wie kann man mit der Welle des Hasses leben? Probleme Polens im 21. Jh.]. https://theinitium.com/articlWeie/20160803-international-poland-antirefugee/ (06.02.17).

Lindemann, A. / Stolz, J., 2014: Use of Islam in the Definition of Foreign Otherness in Switzerland: A Comparative Analysis of Media Discourse Between 1970-2004. Islamophobia Studies Journal 2(1): 44-58.

Loutai, Y., 2015: L´Exception Francaise: From Irrational Fear of Muslims to their Social Death Sentence. Islamophobia Studies Journal 3(1): 90-105.

López Mosteiro, R., 2001: La poligamia y algunas prestaciones de la Seguridad Social, Sentencias de TSJ y AP y otros Tribunales 19/2001.

López-Sidro López, A., 2013: Restricciones al velo integral en Europa y en España: la pugna legislativa por prohibir un símbolo. Revista General de Derecho Canónico y Derecho Eclesiástico del Estado (32): 1-47.

Madonia, S., 2012: Experiencia y rearticulación identitarian mujeres españolas convertidas al Islam. Revista Española de Investigaciones Sociológicas (140): 49-68.

Malik, K., 2005: The Islamophobia Myth. Prospect. http://www.kenanmalik.com/essays/prospect_islamophobia.html (03.07.2017).

Malik, K., 2014: Enough Hate for Everyone. Muslims and Jews Are Targets of Bigotry in Europe. New York Times (21.08.2014). https://www.nytimes.com/2014/08/22/opinion/kenan-malik-muslims-and-jews-are-targets-of-bigotry-in-europe.html (11.07.2017).

Mariani, E., 2014: Domes, minarets and the islamic threat in Italy. „Pig day" and media debate. S. 350-359 in F. Peter / R. Ortega (Hrsg.), Islamic Movements of Europe. Public Religion and Islamophobia in the Modern World. London: I. B. Tauris.

Martín Jiménez, R., 2002: Reparto de la pensión de viudedad en supuestos de poligamia. Revista Doctrinal Aranzadi Social (4): 3331-3334.

Martín Muñoz, G. / López Sala, A., 2003: La realidad de las mujeres musulmanas inmigrantes en España a través de un trabajo de campo. In G. Martín Muñoz / A. López Sala, Mujeres musulmanas en España. El caso de inmigración femenina marroquí. Madrid: Instituto de la Mujer (MTAS).

Maussen, M., 2004: Policy Discourses on Mosques in the Netherlands 1980-2002: Contested Constructions. Ethical Theory and Moral Practice 7(2): 147-162.

Mayoral Arqué, D. / Molina Luque, F. / Samper Rasero, L., 2012: Islamofobia o currículo nulo? La representación del Islam, las culturas musulmanas y los inmigrantes musulmanes en los libros de texto en Cataluña. Revista de Educación (357): 257-279.

Meer, N. / Modood, T., 2012: For „Jewish" read „Muslim"? Islamophobia as a form of racialisation of ethno-religious groups in Britain today. Islamophobia Studies Journal 1(1): 34-53.

Merali, A., 2016: Islamophobia in United Kingdom: National Report 2015. S. 549-578 in E. Bayrakli / F. Hafez (Hrsg.), European Islamophobia Report 2015. Istanbul: SETA.

Ministerio del Interior, 2016: Informe sobre incidentes relacionados con los delitos de odio en España. Madrid: Ministerio del Interior. http://www.interior.gob.es/documents/10180/3066430/Informe+Delitos+de+Odio+2015.pdf (18.07.2017).

Modood, T., 1994: Establishment, Multiculturalism and British Citizenship. The Political Quarterly 65: 53-73.

Molins García-Atace, J., 2005: Aspectos críticos de la pensión de viudedad. Especial mención al matrimonio polígamo y homosexual. Revista Doctrinal Aranzadi Social (5): 1161-1190.

Moosavi, L., 2013: Islamophobia in the Representations of Islam and Muslim by the British Government between 2001 and 2007. Turkish Journal of Sociology 27(2): 333-368.

Moosavi, L., 2015: The Racialization of Muslim Converts in Britain and Their Experiences of Islamophobia. Critical Sociology 41(1): 41-56.

Morgan, G. / Poynting, S., 2012: Introduction. S. 1-14 in G. Morgan / S. Poynting (Hrsg.): Global Islamophobia. Muslims and Moral Panic in the West. Farnham: Ashgate Publishing Limited.

Mulinari, D. / Neergaard, A., 2012: The Sweden Democrats, Racisms and the Construction of the Muslim Threat. S. 67-82 in G. Morgan / S. Poynting (Hrsg.), Global Islamophobia. Muslims and Moral Panic in the West. Farnham: Ashgate Publishing Limited.

Narkowicz, K. / Pedziwiatr, K., 2017: From unproblematic to contentious: Mosques in Poland. Journal of Ethnic and Migration Studies 43(3): 441-457.

Navarro, L., 2010: Islamophobia and Sexism: Muslim Women in the Western Mass Media. Human Architecture: Journal of the Sociology of Self-Knowledge VIII(2): 95-114.

Obućina, V., 2016: Islamophobia in Croatia: National Report 2015. S. 93-113 in E. Bayrakli / F. Hafez (Hrsg.), European Islamophobia Report 2015. Istanbul: SETA.

[ODIHR] Office for Democratic Institutions and Human Rights, 2015: Hate Crime Data Key Findings. http://hatecrime.osce.org/sites/default/files/documents/Website/Infographics/2015-hatecrimedata.png (03.07.2017).

Ogan, Ch. / Willnat, L. / Pennington, R. / Bashir, M., 2014: The rise of anti-Muslim prejudice: Media and Islamophobia in Europe and the United States. The International Communication Gazette 76 (1): 27-46.

Orakzai, S. B., 2016: Islamophobia in Switzerland: National Report 2015. S. 527-547 in E. Bayrakli / F. Hafez (Hrsg.), European Islamophobia Report 2015. Istanbul: SETA.

Padilla Castillo, G. / Sánchez González, P., 2013: La importancia del tratamiento de la religión en los medios de comunicación. El caso del Islán en España. Es-tudios sobre el mensaje periodístico (19, Sondernummer März): 449-457.

Pędziwiatr, K., 2016: Islamophobia in Poland: National Report 2015. S. 423-441 in E. Bayrakli / F. Hafez (Hrsg.), European Islamophobia Report 2015. Istanbul: SETA.

Pérez Vaquero, C., 2015: Las consecuencias jurídicas de la poligamía en las pensiones de viudedad en España y la Unión Europea. Revista Doctrinal Aranzadi Social (1): 59-71.

Pericás Salazar, S. L., 2007: El matrimonio poligámico y la pensión de viudedad. Revista Doctrinal Aranzadi Social (9).

Perlentaucher, 2017: Ryszard Kapuscinski. https://www.perlentaucher.de/autor/ryszard-kapuscinski.html (03.02.17).

Perry, B., 2014: Gendered Islamophobia: Hate crime against Muslim women. Social Identities 20(1): 74-89.

Peter, F., 2014: Islamic Movements in Europe: Islamism and Islamophobia. Introduction. S. 311-314 in F. Peter / R. Ortega (Hrsg.), Islamic Movements of Europe. Public Religion and Islamophobia in the Modern World. London: I. B. Tauris.

Pew Research Center, 2016: Views of Muslims more negative in eastern and southern Europe. http://www.pewglobal.org/2016/07/11/europeans-fear-wave-of-refugees-will-mean-more-terrorism-fewer-jobs/ga_2016-07-11_national_identity-00-01/ (06.02.2017).

Pew Research Center, 2015a: World Muslim Population by Region, 2010 and 2050. http://www.pewforum.org/2015/04/02/muslims/pf_15-04-02_projectionstables71b/ (18.07.2017).

Pew Research Center, 2015b: Muslim Population Growth Compared With Overall Growth in Each Region, 2010 to 2050. http://www.pewforum.org/2015/04/02/muslims/pf_15-04-02_projectionsreligion_populationsizemuslim/ (18.07.2017).

Piquer Martí, S., 2015: La islamofobia en la prensa escrita española: aproximación al discurso periodístico de El País y La Razón. Dirasat Hispánicas (2): 137-156.

Pfeffer-Hoffmann, C. / Logvinov, M., 2016: Muslimfeindlichkeit und Migrati-on. Thesen und Fragen zur Muslimfeindlichkeit unter Eingewanderten. Ber-lin: Mensch und Buch.

Pfeffer-Hoffmann, C. (Hrsg.), 2016: Fachkräftesicherung durch Integration zu-wandernder Fachkräfte aus dem EU-Binnenmarkt - Neue Arbeitsmigration aus Bulgarien, Frankreich, Polen und Rumänien nach Berlin. Berlin: Mensch und Buch.

Pratt, D., 2015: Islamophobia as Reactive Co-Radicalization. Islam and Chris-tian-Muslim Relations 26(2): 205-218.

Ramírez, A., 2010: Muslim Women in the Spanish Press: The Persistence of Sub-altern Images. S. 227-244 in F. Shirazi (Hrsg.), Images of Muslim Women in War Crisis. Austin: The Univerity of Texas Press.

Ramírez, A., 2011: La trampa del velo. El debate sobre el uso del pañuelo musulmán. Madrid: Catarata.

Real Academia Espagñola, 2017: Diccionario de la lengua espagñola. http://dle.rae.es/?id=PqZDbAp (16.10.2017).

Rytter, M. / Pedersen, H., 2014: A decade of suspicion: Islam and Muslims in Denmark after 9/11. Ethnic and Racial Studies 37(13): 2303-2321.

Said, E., 1981: Covering Islam: How the Media and the Experts Determine How we See the Rest of the World. New York: Pantheon Books.

Sakellariou, A., 2016: Islamophobia in Greece: National Report 2015. S. 199 221 in E. Bayrakli / F. Hafez (Hrsg.), European Islamophobia Report 2015. Istan-bul: SETA.

Savelkoul, M. / Scheepers, M. / Tolsma, J. / Hagendoorn, L., 2011: Anti-Muslim Attitudes in the Netherlands: Tests of Contradictory Hypotheses Derived from Ethnic Competition Theory and Integroup Contact Theory. European Sociological Review 27: 741-758.

Schierup, C.-U. / Ålund, A., 2011: The end of Swedish exceptionalism? Citizen-ship, neoliberalism and the politics of exclusion. Race & Class 53(1): 46-64.

Schiffauer, W., 2014: The irresponsible Muslim: Islam in German public culture. S. 344-350 in F. Peter / R. Ortega (Hrsg.), Islamic Movements of Europe. Public Religion and Islamophobia in the Modern World. London: I. B. Tauris.

Secretaria General de la Ertzaintza, 2015: Comunicación Basada en el Respeto Cultural. Manual de uso policial. Erandio: Secretaria General de la Ertzaintza.

Sereghy, Z., 2016: Islamophobia in Hungary: National Report 2015. S. 223 237 in E. Bayrakli / F. Hafez (Hrsg.), European Islamophobia Report 2015. Istanbul: SETA.

Serrano Falcón, C., 2016: El uso del pañuelo musulmán (hiyab) en el ámbito laboral español: ¿prohibición o tolerancia? Trabajo y Derecho 18/2016.

Sheridan, L. P., 2006: Islamophobia Pre- and Post-September 11th, 2001. Journal of Interpersonal Violence 21(3): 317-336.

Siino, G. A. / Levantino, N., 2016: Islamophobia in Italy: National Report 2015. S. 265-291 in E. Bayrakli / F. Hafez (Hrsg.), European Islamophobia Report 2015. Istanbul: SETA.

Sniderman, P. M. / Hagendoorn, L., 2007: When Ways of Life Collide. Multiculturalism and its Discontents in the Netherlands. Princeton: Princeton University Press.

SOS Racismo, 2015: Informe Anual 15. Sobre el racismo en el estado españo. San Sebastián: Gakoa.

Spielhaus, R., 2011: Wer ist hier Muslim? Die Entwicklung eines islamischen Bewusstseins in Deutschland zwischen Selbstidentifikation und Fremdzuschreibung. Muslimische Welten. Band: 3. Würzburg: Ergon.

Stapf, T., 2017: Migrationsberatung 4.0 – Das Informationsverhalten von Neuzugewanderten in den sozialen Medien und seine Konsequenzen für Beratungsanbieter. Berlin: Minor.

Stefaniak, A., 2015: Postrzeganie muzułmanów w Polsce [Wahrnehmung von Moslems in Polen]. Warschau. http://cbu.psychologia.pl/uploads/images/foto/Postrzeganie-muzu%C5%82man%C3%B3w-w-Polsce.pdf (06.02.17).

Strabac, Z. / Valenta, M., 2012: Attitudes towards Muslims in Norway. S. 56-69 in M. Helbling (Hrsg.), Islamophobia in the West. Measuring and explaining individual attitudes. New York: Routledge.

Strabac, Z. / Valenta, M. / Aalberg, T. / Jenssen, A. T., 2014: Wearing the veil: Hijab, Islam and job qualifications as determinants of social. Ethnic and Racial Studies 39(15): 2665-2682.

Szyska, C., 2008: Jihâd. Bundeszentrale für politische Bildung. http://www.bpb.de/nachschlagen/lexika/islam-lexikon/21479/jihad (10.12.2016).

Taras, R., 2011: „Islamophobia never stands still": Race, religion, and culture. Ethnic and Racial Studies 36(3): 417-433.

Taras, R., 2012: Xenophobia and the islamophobia in Europe. Edinburgh: Edinburgh University Press.

Téllez Delgado, V., 2016: Ciudadanos españoles musulmanes: Una realidad social. Revista del Ministerio de Empleo y Seguridad Social. Migraciones Internacionales, 120. Madrid: Ministerio de Trabajo y Seguridad Social.

Tell MAMA, 2016: The Geography of Anti-Muslim Hatred. Tell MAMA Annual Report 2015. London.

Testa, A. / Amstrong, G., 2012: „We Are Against Islam!": The Lega Nord and the Islamic Folk Devil. SAGE Open (October-December): 1-14. http://journals.sagepub.com/doi/pdf/10.1177/2158244012467023 (18.07.2017).

The Open Society Institute, 2005: Muslims in the UK: Policy for Engaged Citizenship. London: The Open Society Institute.

The Runnymede Trust, 1997: Islamophobia: A challenge for us all. Summary. London: The Runnymede Trust. http://www.runnymedetrust.org/uploads/publications/pdfs/islamophobia.pdf (23.12.2016).

Toynbee, P., 1997: In defence of Islamophobia: Religion and the state. The Independent (23.10.1997). http://www.islamophobiawatch.co.uk/in-defence-of-islamophobia-religion-and-the-state/ (03.07.2017).

Triandafyllidou, A. / Gropas, R., 2009: Constructing Difference: The Mosque Debates in Greece. Journal of Ethnic and Migration Studies 35(6): 957-975.

UNIA, 2016: Rapport annuel 2015. Le vivre ensemble mis à l'épreuve. Brüssel.

Unión de Comunidades Islámicas en España, 2016: Estudio demográfico de la población musulmana. Explotación estadística del censo de ciudadanos musulmanes en España recibido a fecha 31/12/2015. Madrid: Unión de Comunidades Islámicas en España. http://observatorio.hispanomuslim.es/estademograf.pdf (18.07.2017).

Literaturverzeichnis

Unión de Comunidades Islámicas en España, 2015: Informe anual 2015. Institución para la observación y seguimiento de la situación del ciudadano musulmán y la islamofobia en España. Informe general. Madrid: Unión de Comunidades Islámicas en España.

Valfort, M.-A., 2015: Religious discrimination in access to employment: A reality. Paris: Institut Montaigne.

van der Walk, I., 2016: Islamophobia in Netherlands: National Report 2015. S. 375-399 in E. Bayrakli / F. Hafez (Hrsg.), European Islamophobia Report 2015. Istanbul: SETA.

Vanparys, N. / Jacobs, D. / Torrekens, C., 2013: The impact of dramatic events on public debate concerning accomodation of Islam in Europe. Ethnicities 13(2): 209-228.

Zapata-Barrero, R. / Diéz-Nicolás, J., 2012: Islamophobia in Spain? Political rhethoric rather than a social fact. S. 83-97 in M. Helbling (Hrsg.), Islamophobia in the West. Measuring and explaining individual attitudes. New York: Routledge.

Zemni, S., 2011: The shaping of Islam and Islamophobia in Belgium. Race & Class 53(1): 28-44.

Zick, A. / Küpper, B. / Hövermann, A., 2011: Die Abwertung der Anderen. Eine europäische Zustandsbeschreibung zu Intoleranz, Vorurteilen und Diskriminierung. Berlin: Friedrich-Ebert-Stiftung.

Zouggari, N. , 2017: Islamophobia in Switzerland: National Report 2016. S. 567 582 in E. Bayrakli / F. Hafez (Hrsg.), European Islamophobia Report 2016. Istanbul: SETA.

Zúquete, J. P., 2008: The European extreme-right and Islam: New directions? Journal of Political Ideologies 13 (3): 321-344.

Abbildungsverzeichnis

ABBILDUNG 1: SCHÄTZUNGEN DES MUSLIMISCHEN BEVÖLKERUNGSANTEILS IN 14 LÄNDERN, 2016 19

ABBILDUNG 2: ANTEIL DER MUSLIMISCHEN BEVÖLKERUNG NACH WELTREGIONEN, 2010 UND 2050 20

ABBILDUNG 3: ENTWICKLUNG DES ANTEILS MUSLIMISCHER BEVÖLKERUNG NACH WELTREGIONEN, 2010 BIS 2050 21

ABBILDUNG 4: DIMENSIONEN VON ISLAMOPHOBIE 23

ABBILDUNG 5: MÖGLICHE SICHTWEISEN AUF DEN ISLAM 24

ABBILDUNG 6: WOHLBEFINDEN MIT MUSLIMISCHEN ARBEITSKOLLEGINNEN UND -KOLLEGEN NACH EU-LÄNDERN 29

ABBILDUNG 7: WOHLBEFINDEN BEI LIEBESBEZIEHUNG DES KINDES MIT MUSLIMIN ODER MUSLIM NACH EU-LÄNDERN 30

ABBILDUNG 8: GEMELDETE UND ANGEZEIGTE VORFÄLLE MUSLIMFEINDLICHER DISKRIMINIERUNGEN NACH ORTEN 41

ABBILDUNG 9: FORMEN GRUPPENBEZOGENER MENSCHENFEINDLICHKEIT NACH ALTERSGRUPPEN IN ACHT EU-LÄNDERN 54

ABBILDUNG 10: FORMEN GRUPPENBEZOGENER MENSCHENFEINDLICHKEIT NACH GESCHLECHT IN ACHT EU-LÄNDERN 54

ABBILDUNG 11: FORMEN GRUPPENBEZOGENER MENSCHENFEINDLICHKEIT NACH EINKOMMEN IN ACHT EU-LÄNDERN 55

ABBILDUNG 12: NEGATIVE EINSTELLUNGEN GEGENÜBER MUSLIMINNEN UND MUSLIMEN IN 10 LÄNDERN 78

Autorenverzeichnis

Ziad Abou Saleh ist promovierter Soziologe, unterrichtet an der University of social sciences and humanities (SWPS) in Breslau und arbeitet an seiner Habilitation zum Thema „Das Bild Polens und der Pol/-innen aus Sicht der in Polen studierenden arabischen Student/-innen und Doktorand/-innen".

Miguel Montero Lange ist Diplom-Soziologe. Er studierte an der Freien Universität Berlin. Außerdem erlangte er Mastertitel in „European Administration Management" an der Fachhochschule für Verwaltung und Rechtspflege in Berlin sowie in „Leitung und Verwaltung in Sozialen Diensten" an der Universidad de Alcalá de Henares. Er veröffentlicht Fachartikel zu den Themen Migration und Integration, Familienpolitik, Pflege und europäische Sozialpolitik.

Christian Pfeffer-Hoffmann ist promovierter Medienpädagoge, Leiter von Minor – Projektkontor für Bildung und Forschung sowie der IQ Fachstelle Einwanderung. Sein Arbeitsfeld umfasst u. a. Modell- und Forschungsprojekte in den Kontexten Migration, berufliche, politische und Medienbildung sowie Fachkräftesicherung.

Janine Ziegler ist promovierte Politikwissenschaftlerin und arbeitet als Wissenschaftliche Mitarbeiterin im Forschungsprojekt „WIR HIER! Kein Platz für Muslimfeindlichkeit in Europa. Migrantenorganisationen im Dialog" sowie in der IQ Fachstelle Einwanderung. Ihre Arbeitsschwerpunkte sind Muslime und Islam in Deutschland und Frankreich, Religionsfreiheit sowie Migration und Integration.